U0735682

高中物理教学设计与案例研究

庄清渊　著

北京工业大学出版社

图书在版编目（CIP）数据

高中物理教学设计与案例研究 / 庄清渊著 . — 北京：
北京工业大学出版社，2022.12
    ISBN 978-7-5639-8543-2

    Ⅰ . ①高… Ⅱ . ①庄… Ⅲ . ①中学物理课－教学设计
－高中 Ⅳ . ① G633.72

    中国版本图书馆 CIP 数据核字（2022）第 249211 号

高中物理教学设计与案例研究

GAOZHONG WULI JIAOXUE SHEJI YU ANLI YANJIU

著　　者：庄清渊
责任编辑：仉智财
封面设计：知更壹点
出版发行：北京工业大学出版社
　　　　　（北京市朝阳区平乐园 100 号　邮编：100124）
　　　　　010-67391722（传真）　bgdcbs@sina.com
经销单位：全国各地新华书店
承印单位：北京银宝丰印刷设计有限公司
开　　本：710 毫米 ×1000 毫米　1/16
印　　张：11
字　　数：220 千字
版　　次：2022 年 12 月第 1 版
印　　次：2022 年 12 月第 1 次印刷
标准书号：ISBN 978-7-5639-8543-2
定　　价：72.00 元

版权所有　翻印必究

（如发现印装质量问题，请寄本社发行部调换 010-67391106）

作者简介

庄清渊，毕业于喀什师范大学，现执教于乌鲁木齐市第 70 中学，高级职称，多年担任班主任工作，具有丰富的物理教学经验和班级管理经验，所带学生有多人次考入清华大学和北京大学，以及其他著名的双一流大学，教学效果好，在物理教学设计方面有独到见解。

前　言

近几个世纪，物理学始终处在学科领头羊的地位，这是由于物理学有着丰富的内容、严谨的理论构架，更由于物理学的思想与研究内容有着精确巧妙、简捷有效的特点，使其散发着独特的魅力。可以说，物理学在科学技术中有着重要的作用，能够推动社会经济发展。物理是研究不同物体间相互作用和运动的自然规律，只有掌握这些自然规律才能让我们对世界更了解。高中物理教学作为科学教育的一个重要组成部分，是高中教育非常重视的科目。在培养适应未来经济和信息社会需要的创新型人才的过程中，我们应该承担起应有的责任。学好物理也是每个高中生努力的目标。要想学好物理，首先要了解学好物理对于学生生活的重要性，让学生对学习物理知识有着更多的兴趣，并促进学生对于物理知识的认识水平与认知能力的提升，从而使学生通过物理知识的学习，充分掌握相关物理知识，使学习物理的动机更明确。

基于此，笔者特撰写本书，直面高中物理各个方面有关"学"与"教"的问题，做出中肯的分析，提出解决问题的有效建议，力图给师生一把开启高中物理"学"与"教"的钥匙。本书用浅显易懂的语言将学术性、知识性、趣味性的知识融为一体，力求深入浅出，使读者了解高中物理教学设计与案例的相关知识。

本书共七章，第一章为物理教育与教学设计的基本观点，包括我国物理教育的发展历程与教学设计、物理学科与物理教学、核心素养导向的物理教学设计概述等内容；第二章为物理教学目标的制定，包括物理学科核心素养和课程目标、物理教学目标的原则及设计等内容；第三章为物理教学过程与教学设计，包括物理教学过程、物理教学设计等内容；第四章为高中物理概念教学设计与案例分析，包括高中物理概念概述、高中物理概念教学设计策略及案例分析、高中物理概念教学设计案例等内容；第五章为高中物理规律教学设计与案例分析，包括高中物理规律概述、高中物理规律教学设计策略及案例分析、高中物理规律教学设计案例等内容；第六章为高中物理实验教学设计与案例分析，包括高中物理实验教学概述、高中物理实验教学设计策略及案例分析、高中物理实验教学设计案例等内容；第七章为高中物理力学以"问题驱动"促进"合作探究"的教学实践研究，剖析了高中物理力学教学分析、高中物理力学现状研究、以"问题驱动"促进"合作探究"教学设计及实施等内容。

"行成于思而毁于随"。希望同学们阅读本书时，先自己分析、思考和解答，然后再与书中介绍的思想方法相比较；不要拘泥于书上的方法，更不要死记硬背，而是要触类旁通，以一贯十，甚至独辟蹊径！

笔者在撰写本书的过程中参阅了大量相关资料，吸取了许多有益的内容。由于水平有限，书中难免有不当之处，恳请广大师生和读者予以批评指正，以臻完善。

目　录

第一章 物理教育与教学设计概述

教育教学改革的不断深入，对教师的教学质量要求越来越高。教学是由多个相互作用的要素组成的复杂过程，教学设计要以学生为中心，在教学设计中，设计者要对学生的特征进行分析，要考虑学生的个体差异，注重学生认知结构的特点，以此作为起点，确定教学目标，选择教学内容，安排教学活动，运用教学策略，确定教学媒体，完成教学过程，这已经成为教育界的共识。教学过程应采用系统、科学的研究方法，考虑多种因素，使教学设计不再被教学内容所约束；应站在学生的立场，分析课程标准、分析教材、分析内容、分析学情，实现内容重组或教学结构化处理，归纳出核心概念或大概念，从而将学习内容清晰地呈现给学生。教师要合理应用教学设计，让教学过程能够吸引学生学习。现代化的教学设计，更加看重教育理论和观念的指导，确保在明确教育理论指导后，设计的教学方案与措施满足教学标准，使师生在教学中提升创造力。

第一节 我国物理教育的发展历程与教学设计

一、我国物理教育的发展历程

物理学发展推动着人类进步，让人类对自然界有着更深刻的了解，同时物理学发展也影响着人类的思维，对人类今后的发展有着决定性作用。普通中学设置物理课程是让学生能够正确认识物理世界，同时探索物理世界，掌握物理学的相关技能、知识，使学生能够养成正确的价值观念，从而推动科学技术发展与进步。由此可知，物理教学有着重要的作用。

（一）物理教育的萌芽

物理现象作为自然界常见现象之一，伴随着人类生活和生产，需要对自然界进行了解、探索和改造，在此过程中，人们要发挥自身才能进行创造和发明。人类在漫长的岁月中不仅通过自然界获得了生活经验，同时也累积了更多的物理知识。在人类生活的初期，生产力水平低，多数只能依赖自身体力获得所需的物质。人类的生活经验有限，在此时期，不同门类的知识无法从经验中获得，也无法产生并分化出专属的教育，此时无法形成意义上的物理学，也不会构成物理教育。但人们在生活和生产中根据自身实际生活与劳动经验，通过示范、口耳相传的方式为他人传授经验，讲解相关物理知识。从某种意义上而言，这是物理教育的萌芽时期。

（二）我国古代的物理教育

物理教育的发展程度决定着生产力发展水平，也被所处年代的政治文化所影响，有着时代烙印。我国古代尚未出现真正的物理学，也未形成独立的学科体系，人们只是根据生活经验、生产工作情况对物理现象进行简单的概述和总结，同时停留在定性描述物理现象时期。古人在其所处时代只能根据生产情况、生活经验阐述光学、热学、力学等物理知识，但我国古人的这些物理认知处于世界科技发展的领先位置，推动人类发展和进步，同时也为物理学科的发展做出贡献。

由上述内容可知，我国古代人民在生产生活实践中创造了绚烂的古文化，并且累积了多种物理知识，体现在人们的生活实践和生产中。古代虽然对物理进行描述和总结，但是探讨的理论知识过于肤浅，物理学尚未成为一门学科，同时论述过于零散，分布在科教著作和哲学文献中。古代教育发展速度慢，受私学科举制的约束，物理学尚未变成独立的体系。古代教育看重诗歌和散文，忽略了自然科学，因此物理教育尚未形成。

我国古代的物理教育是与手工技术教育结合开展的，也就是在传授生产知识和技术时，也会传授物理知识，这种传授过程是潜移默化的。

我国古代通过著书立说传播物理教育，古代著作包含着多种物理知识。古代发明制造的科学仪器、如地动仪、浑天仪等，均是使用物理原理制造而成的。

此外，举办私学是传授物理知识、开展物理教育的最佳方式。自春秋战国时期举办私学开始，便会有人举办私学招收弟子，从多个方面对弟子开展教育，在其讲学中就包含着物理知识。

上述三种途径均是历史条件下的产物，在传授具体生产知识与技术也会传授物理知识，但缺少系统性和连贯性，均是不自觉进行的。从某种意义上而言，这些内容是物理教育孕育的过程。

（三）学校物理教育的发展

我国封建社会时期，学校教育更加重视古文经史，而忽视了自然科学。我国鸦片战争告败，一些有识之士便号召向西方国家学习制造西洋武器，学习新型科学知识，同时改革教育内容，创建新式学校。于是，将人们的视野向世界延伸，让人们重视物理学，学校物理教育也随之生成。

1. 学校物理教育的诞生

自鸦片战争后，洋务派对我国传统教育有着质疑，倡导改革教育模式，进行新型教育教学，同时开办京师同文馆、广东同文馆等新式学校。1866 年，我国开办了马尾造船厂和福建船政学院，随后举办了天津水师学堂、上海机器学堂等新式学校。

自从成立新式学校后，物理学也不断渗透进中国学校教育。1866 年，京师同文馆开放了算学馆、学医学、天文算等教学科目，物理学是当时必须学习的理论知识。1897 年，西方人欧礼裴开始讲解格致，这是我国第一次在学校教育中开展物理教学，同时这也是近代物理教育的开端。

2. 中国学校物理教育的发展

我国近代物理教育分成两个时期，分别是新中国成立前物理教育阶段和新中国成立后物理教育阶段，每个阶段有不同的发展历程。

（1）新中国成立前的物理教育

新中国成立前学校物理教育划分为三个时期，第一个时期是 1903—1911 年。我国在 1903 年颁布了癸卯学制，用法定形式将物理学作为学校教育科目。1911年爆发辛亥革命，这一时期的物理学作为基础理论知识而存在，为学生今后从事不同事业或升入高级学校学习做准备性工作。大学物理教育旨在培养物理学人才。1904 年成立图书局，用于管理教科书审定，编译出版不同类型的与物理教育相关的书籍。大学物理教学在这一时期越发成熟。

第二个时期是 1911—1927 年。从爆发辛亥革命开始截止到成立南京国民政府，它是旧中国学校物理教育的第二个时期。在此时期，蔡元培号召改革癸卯学制，与此同时，新学制的颁布，改变了中小学的学习时间，增加了中小学的学科数量；认为中学应该把物理学作为一门独立的学科来对待，打破了中学翻译物理教科书的做法，这些教科书都是由中国人自己编写并经教育部批准出版的。1923年，全国教育联合会颁布了新的课程标准大纲，该大纲被视为我国第一部高中物理教学大纲。它包含了物理教学目标、教学时间分配、教材大纲等多种内容。因此，此阶段是近代物理教育的完善阶段。

第三个时期是 1927—1949 年。从 1927 年成立南京政府到 1949 年诞生新中国，此阶段是物理教育发展的第三阶段。这一阶段出现三民主义教育，并且创新中等教育，将普通高中文科与理科线取消。与此同时，一些爱国物理学家投身到改革中等教育工作中，为推动近代学校物理教育的发展做出努力。

（2）新中国成立后的物理教育

新中国成立后，物理教育理念和体系出现变化。学校物理教育发展历程也相应地出现了不同的变化。

第一个时期是从1949—1966年。我国自成立中华人民共和国到"文化大革命"之前的17年属于物理教育在新中国的第一发展阶段，这一时期走过许多弯路，但仍旧形成了属于新中国的物理教育体系。这一时期被看成新中国物理教育的发展时期，新中国成立后，党和国家格外重视物理教育。社会主义建设阶段，党与国家根据社会发展情况以及物理教育实践产生的问题，调整优化物理教学大纲、教学方法和内容，确保物理教育能够顺着轨道向前迈进。物理教材由无到有，为开展物理教育提供了经验，同时也为物理教育的发展奠定基础。

第二个时期是1966—1976年。为紧随时代的发展，各地纷纷成立编写中小学教材组，开始编制教材，但是这些教材的编制缺少科学依据，编写物理教材的内容更是有着较强的随意性，物理基础知识被不断削弱，从而降低了教材的水平，此时期物理教育发展缓慢。

第三个时期是1976—1989年。在这一时期，物理教育正处于复苏和振兴的时期。1977年8月，我国教育部组织制定了全日制中小学教学计划草案，决定中小学实行十年制，并制定了全日制十年学校物理教学大纲，于1978年1月开始实行。1980年又一次修订了教学大纲，人教社编写与大纲相符合的教材，这些措施有利于恢复物理教育工作。

虽然1978年依据物理教学大纲所编制的教材体现了大纲特征和要求，但仍旧不符合实际教学情况，一些教师认为教材的难度大、程度深，一度有教学不良的情况出现，因此在1983年教育部所颁布的高中物理教学纲要中优化了教学内容，人民教育出版社在此纲要的基础上撰写教材并于1984年出版，它也是高中物理教育改变"一刀切"局面的第一步。由上述内容可知，高中物理教育在调整中快速恢复，不断优化教学体系，提升教学质量，为物理教育改革的发展提供保障。

第四个时期是1989年至今。20世纪90年代国民经济快速发展，经济体制发生了改变，为了能够和社会转型时期相照应，物理教育加速改革的步伐。1990年，国家教委下达了调整普通高中教学的建议，同时将高一、高二的物理课作为必修课，将高三的物理课作为选修课。在调整教学计划时，也修订了1987年版本的物理大纲。

20世纪80年代中期，我国倡导实施素质教育，备受社会各界的认可与关注，同时素质教育改革也正式实施。

1997 年 9 月国家教委在烟台举办了素质教育经验交流会，这也代表着中小学素质教育在全国实施。1999 年召开第三次全国教育会议，指出要实施全面振兴教育行动计划，从而启动新一轮的教育课程改革。

2001 年我国发布了《关于基础教育改革与发展的决定》，同时举办全国基础教育工作会议，在会议中指出要深化改革教育教学，从而加速素质教育的实施。教育部公布了新一轮基础教育改革实验，于 2001 年公布了全日制义务教育物理课程的标准。

在新一轮的课程改革中，物理教育改革的特征主要表现在以下三个方面：

①物理教学指导方针出现改变。由教学大纲改变成课程标准，满足物理教学在过程、方法、知识技能、情感态度方面的要求。

②在课程标准的指导下，物理教材有着多样化特征，能够满足各区域学生的不同需求。

③根据改革课程理念撰写教材，要关注学生的生活经验、实际学习情况以及科学技术发展情况，同时让学生养成实践能力与创新精神，突出全面发展的素质教育理念。在基础教育改革深入的过程中，学校物理教育也获得跨越式进步。

二、教学设计的概念

教学设计是根据课程标准的要求和学生的特征，有序安排教学要素，确定合适的教学方案的设想和计划，通常含有教学难点、教学重点、教学方法、目标步骤等。由此可知，教学设计要按照现代教育理论与课程要求，围绕核心素养目标系统分析教学过程含有的要素，明确教学内容，设置教学情境，通过开展教学活动形成有序的教学流程。在蔡铁权教授看来，教学过程能够达成教学目的，完成教学任务，使用沟通对话合作的方式和动态生成的方式加速教学活动的开展；内在逻辑结构和基本环节有着动态性特征，教学过程设计的形成属于弹性化方案，通常需要分析教学顺序、教学组织形式、学习方式、教学模式与教学方法。

三、高中物理教学设计的要领

（一）手中有物

1.让物理教学变成有源的活水

例如，教师在讲解振动图像时，可以从砂桶振动实验入手：提起托架上的漏斗，漏斗内填充细砂，使其在固定平面内振动并沿着振动的垂直方向拖动纸板。学生通过观察，发现从振动漏斗逃逸出来的沙子在纸板上形成一条曲线，由此表明振动质点的位移随时间变化，如图 1-1 所示。

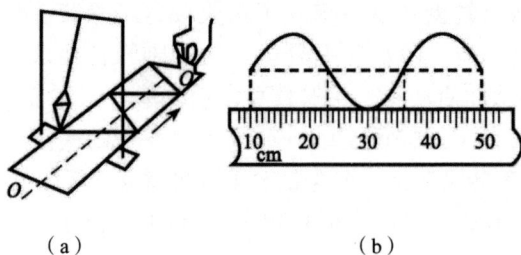

（a）　　　　　　　　　　（b）

图 1-1　显示变化规律

再如，教师在讲解牛顿第三定律时可让学生做纸飞机，让学生思考怎样让纸飞机向左转。教师要牢记，物理教学要贴近实际生活，要"接地气"。笔者提倡大家使用瓶瓶罐罐做仪器，引导学生参与到实验中来。

2. 调动学生学习物理的积极性

学生在学习竖直平面圆周运动的过程中，教师要为学生做好演示实验，如图1-2所示。小车在鞋柜上释放，围绕圆周开始运动，继续演示放置粉笔头的小车从相同高度释放，需要车和粉笔头一起围绕圆周运动。教师可让学生回答，小车达到圆环最高点瞬间，车内粉笔头为什么未掉落，此种认知冲突会调动学生探索的积极性，激发学生潜在的好奇心，让学生能够充满好奇地研究物体竖直平面的圆周运动和规律。

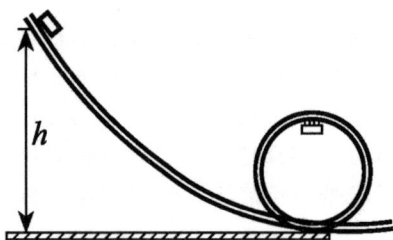

图 1-2　演示实验

（二）胸中有理

实验是物理学的基础，也是物理学的核心。教师通过做实验应让学生懂得思考，要正确独立地思考，只有进行正确思考才能够实现高效学习。物理教师要鼓励学生勇于思考悟出道理。

1. 见物思理，学习与思考相结合

以下以超重和失重为教学案例，如图 1-3 所示。

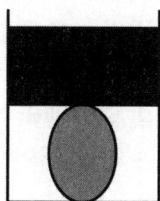

图 1-3 鸡蛋原理

在透明玻璃杯中放入生鸡蛋，当物体压在静止的鸡蛋上时，鸡蛋不会破裂。当玻璃杯被手向上或向下拉时，鸡蛋仍然没有破碎。教师可以让学生思考鸡蛋为什么不破，在什么情况下会破？兴趣不能止于使学生感到惊奇和好奇，也不能止于观察现象和感到有趣。它要激发学生探索真理的兴趣，通过观察到的现象引起探索背后原因的兴趣。一些学生推测可能是因为超重。至于谁超重，为什么鸡蛋破碎，则有着不同的意见。学生应先把重物与鸡蛋的受力图画出，同时分析鸡蛋为何破碎。如图 1-4 所示为重物和鸡蛋的受力图。

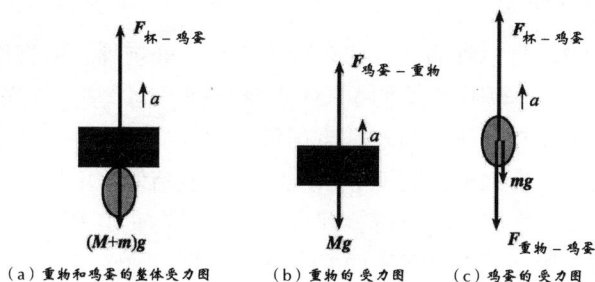

（a）重物和鸡蛋的整体受力图　（b）重物的受力图　（c）鸡蛋的受力图

图 1-4 重物和鸡蛋的受力图

分析鸡蛋打碎的演示实验，将连接体与隔离体知识作为牛顿第二定律使用，同时对操纵现象进行解释，在学生学习稳恒电路后，需要综合失重现象与超重现象开展实验演示，保证能够通过实验创设情境，并且能够发挥出温故知新的作用。

2. 建立良好的师生关系，以"情"引趣

教师要注意对学生进行情感的培养，和学生建立良好的关系。情感融洽，就会变成学生学习的动力。教学过程中，教师要面向全体同学，真诚相待，关心、理解、尊重、信任学生，要鼓励他们勤思、深思、大胆提问。对不同层次的学生提出的问题，教师在解答时切忌千篇一律，对优等生应采用旁敲侧击的提示，对中等生做恰如其分的点拨，对学困生则应鼓励其自信。教师在思路、方法、知识和技能上给予具体指导，做到心理相容，使他们"亲其师"而"信其道"，主动地跟随教师学习。在教学内容的组织上，教师要想方设法将物理学科体系及逻辑结构的内在美展示给学生，以亲切的表情，生动的实验，简明、形象、幽默的语言，工整、规范的板书吸引学生，让学生感受到坐在教室里学习是一种美的享受，给他们的探索赋予兴趣的魅力，从而达到"以情激趣、以知促情、以情导知"之效。

3. 物理课堂渗透科学教育方式，发散学生的思维

树木要定期地修剪，知识也要定期地梳理。书代表的是梳头，也就是像梳头一样，通过杂乱无章的事物找出其存在的逻辑关系，帮助学生把知识结构化。结构化指的是将学习到的知识划分为多个部分或者归纳到更广泛的范畴中，在头脑中组织并形成知识块，有利于解锁和记忆知识信息，培养这种能力也是教学的任务之一。在19世纪，教育学家与哲学家斯宾塞得出一个命题，具有结构的知识最具有价值，若是想要让学生实现纲举目张，则需要进行梳理，知道哪些是纲、哪些是目，将孤立的知识点根据知识间的逻辑关系进行连接，以点成线、成面、成网，让学生在使用物理知识探究问题时能够更好地解决问题。

（三）目中有人

所谓手中有物，胸中有笔，有物有理才能够学好物理，但物理教师也容易缺失的是目中有人。物理教师更多地将兴趣点放在物上，课堂上的兴奋点仍旧是物。教师在物理课堂中经常出现的问题是会在课堂前进行设计，课堂中按照事前设计的问题进行提问，认为此种提问能够启发学生，但结果却不尽人意。教师没有看到自身的兴趣点和学生的兴趣点可能存在不同，学生在学习中甚至有知识盲点存在，无法激起兴趣点，因此也无法触发兴奋点。

教师若是想要增强物理教学的有效性，需要保证手中有物，胸中有理，目中有人，因此在物理教学中，只有实现以人为本，才能增强物理教学的有效性。首先，我们应该弄清楚科学物理学和学科物理学的区别。它们是指向不同科学的物理学，物理学科的目的是教育人。其次，知识建构的方法不同，知识起点不同。理解物理知识的出发点是学生具有生活经历和物理知识。物理教师是专业工作人员，其知识结构有着专业性，因此要保证具有本体性专业知识，也要具有条件性专业知识，需要教师掌握物理学知识、心理学知识和教育学知识。

1. 落实三维目标，为学生提供正确的教育

物理教师和科学家不同，两者工作对象也存在差异。高中物理教师的对象是

15～18岁的青少年，学生有血有肉，有情感，是不同的生命体，学生的智力水平也存在不同，因此学生的个性也需要得到充分发展。高中物理教师要关注学生成长和发展的进步，让学生能够肯定自己，发现自己有着更多的选择和表现，使学生能够感受到成功的喜悦，拥有健康的心态和完整的人格。物理教师要先研究了解学生，明确学生的认知特征。如图1-5所示为新课程的三维目标。

图 1-5 新课程的三维目标

教师负责学生的学习，需要从知识与技能、过程与方法、情感态度与价值观等方面引导学生，使学生的智力因素和非智力因素相辅相成，相互促进，使学生取得更大的成功。

2. 目中有"人"，不能只顾"效率"不顾"效果"

当下高中师资团队有着循环特征，高三物理教师送完毕业生会循环到高一教课，此时教师的心理多数是已经教过高三，高一课程更是小菜一碟。教师所讲解的题目多种多样，甚至会告诉学生这是高考制定的标准。但教学目标有着阶段性特征，高一教学目标是讲解新知识，在每单元结束复习后也会有对应的教学目标。高三复习课的目标是联系其他知识进行系统的学习与复习。部分物理教师将授课作为复习课，要求学生掌握高考考点概念，有着一步到位的心理。此种物理教学不符合学生的认知规律，这也是高一物理课程难学的原因。因此高中物理需要打好基础，教师要循循诱导，不可操之过急，需要让学生先掌握物理概念和规律，确保学生可以运用自如。在笔者看来，好题目不等于好作业，而有的考点也不代表一定是重点教授的。习题作业是帮助学生夯实物理知识的方式，同时也是检查学生教学效果的一种体现方式，可以延续课堂教学内容，需要教师认真研究教学知识，掌握学生的实际情况，为学生布置有针对性的作业，保证学生作业的针对性和有效性，确保能够物尽其用。

3.疑难事出有因，进行归因分析及时排难

（1）换位思考

从认知角度看，人容易先入为主，比如人在第一次读错英语单词后，会不断读错此单词，甚至具有思维定式。初中学生接触的摩擦力是滑动摩擦力，会让物体运动受阻。高中生在学习摩擦力时，也会随口说出摩擦阻力。在学生看来，摩擦力是阻碍物体运动的一种力。为了改正学生此种错误的意识，可让学生动手实验，如图1-6所示。

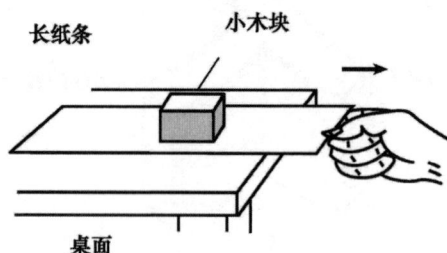

图 1-6　摩擦力实验

学生拉动一张长纸条，使其和上面的小木块共同运动，从而探究木块所受摩擦力的变化情况，确保物体所受摩擦力的方向和运动方向相同，由此可得出结论，摩擦力也是物体运动的动力。静摩擦力及其方向判定是教师讲解物理知识的难点，静摩擦力方向和物体的相对运动趋势方向相反。由实验可知，相对运动趋势弱不显著，学生无法准确找到静摩擦力的方向。学生需要取两只长毛刷、两个木块。在木块A的上下两表面固定两只长毛刷，并且要让毛朝外，另一只长毛刷在另一个木块壁上面固定，毛向外侧，如图1-7所示。研究木块A与B：使用水平向右的拉力拉动木块B，会发现木块AB接触层中，木块A与支撑面的接触层均有形变，由于木块A的上侧所受摩擦力方向和运动方向相同，摩擦力便是木块A的动力，木块A的下侧所受摩擦力的方向与运动方向相反，则摩擦力是木块A的阻力，因此教师要保证事出有因，帮助学生分析疑难归因，增强物理教学的有效性。

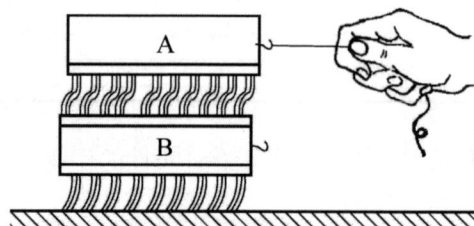

图 1-7　静摩擦力实验

（2）避免先入为主

在学习物理时，一些学生会有先入为主的认知，在学生看来物体的支持力等于物体的重力，这种先入为主的观念会对物理概念的形成、对物理规律的理解产生负面影响，甚至会出现学习障碍。学生在分析物体受力时，容易犯错误，如何纠正这种先入为主的错误观念是每个物理教师都需要考虑的问题。教师拿起讲台上的粉笔，让学生观察并回答问题，教师用水平仪，把粉笔按在竖直的黑板上，如图 1-8 所示。教师让学生回答粉笔刷受到几个力的作用而静止，学生做出粉笔刷受力图并进行分析讨论，教师让学生说出力的名称与受力的物体，同时要让学生明确支持力 N 的概念，支持力 N 会随着外力 F 的增加而增加，支持力 N 的大小与外力 F 相等。黑板给予粉笔刷的支持力 N 与粉笔刷的重力是何种关系？两个力毫无关系，大小不同、方向不等，性质毫不相关，一个是必须接触的弹性力，而另一个是不需要接触的动力。学生在教师讲解后恍然大悟，此种简易的演示实验现象能够冲击学生的视觉和认知，让学生发现其原本的错误观念，进而让原本的错误观念出现动摇。此种课堂虽不是刻意预设的，但却会让人始终记住，由此可见，成功的物理教学需要教师的智慧。

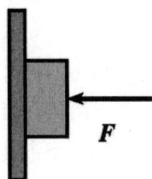

图 1-8　物体受力

（四）亲其师，信其道

1. 为学生提供开放型教学环境，让学生愿意学习物理

（1）开放师生关系，使学生成为学习的主人

师生关系是指教师和学生在教育教学过程中结成的相互关系，包括彼此所处的地位、作用和相互对待的态度等。师生对话平等开放，教师在教学过程中，不只是负责将知识传授给学生，也不能够随意地命令学生。

在课堂的交流中，应当保证师生关系平等，教师与学生之间相互尊重，互相听取对方的意见和建议，共同创建和谐的学习氛围。在这一过程中，教师与学生建立伙伴关系。

（2）开放探索空间，调动学生的学习积极性

开放型课堂不能仅仅局限于课堂教学，还应开放学习空间，让学生走出教室、

走向社会，去参加丰富多彩的课外活动与实践活动，开阔他们的视野，使学生在感受新知的过程，根据已有的物理知识，去发现、去思考、去探索，从而解决问题。

2. 鼓励学生自主探索，培养创新意识

众所周知，实践是检验认识真理性的唯一标准，实践出真知，这句话对学习来说也同样适用。由于传统的教学观念以及教学条件有限，多数教师为了更快地实现教学目标，往往采用以教师教学为主、以学生自主探究为辅的教学方式，这虽然能够在较短时间内提高学生的学习成绩，但是这也在一定程度上使大部分学生对这种单调枯燥的学习方式产生厌烦心理。随着新课标改革的实施，教学方式以及教学目标都在发生着改变，不再是一味地追求速度，而是将效率与速度紧密结合起来，因此，为了更好地解决传统教学模式中存在的种种弊端，高中物理教师需要紧随新课标改革的方向，积极进行创新型课堂教学。

3. 完善课堂评价，强化综合能力

在小组合作模式的应用下，教师应对自身的角色进行灵活的转换，不仅要完成知识的精准传递，还应对学生进行正确的引导，同时还要对合作成效做到科学和客观的评价，使各小组的成员可以看到自身的不足，继而有方向地进行改进，实现共同进步，也营造出良好的"赶超"气氛。具体而言，一是要丰富评价的方式，保证多样化，走出以往教师独自评价的困局，邀请学生参与评价，可以通过学生间的互评或自评，让评价内容更加准确和客观，帮助组员寻找弥补不足的方法，在互助中提高学习的效率。二是科学利用评价结果，使学生看到真实而又极具信服力的评价结果，从而开始进行相应的反思，能够激发学生的主动性，找到问题的根源并进行有效整改，提高合作学习的能力。教师不应直接向学生具体讲解一道题的解题方案，而是通过多角度的点拨，让其不断思考，通过合作和讨论验证不同的想法，使之形成物理思维，完成自主学习，加强学生的团队意识并使其不断进步。

第二节　物理学科与物理教学

一、物理学科的特点

物理学是揭示物质世界奥秘的科学，是十分严谨的科学，同时，它也是一门有趣味的学科，只有在学习物理的过程中，才能深刻地体会到物理学科的神奇。认真探索才能真正感受到物理学科带给我们的乐趣。物理学的出现带动了科学技术发展，同时也推动社会不断发展。

（一）物理学是结合实验与科学思维的课程

在物理学中，科学思维与实验观察有着密切的关系。在进行物理实验的过程中，运用科学思维观察实验现象，收集数据，进行论证和归纳，对于物理的学习起到了至关重要的作用。因此，科学思维与实验观察两者互为依托，缺一不可。可以说，物理学是科学实验和科学思维的综合。因此，物理模型的产生、物理概念的构成和物理理论的提出都是经过实验观察后的科学思维的结果，科学思维在物理学的发展中起着无法替代的作用。

（二）物理学有着严密性

物理学属于一个完整的系统，其主体是物理学的基本概念和规律，基本概念和规律构成物理学的结构，基本概念是物理学的基础，基本规律是物理学的核心组成，基本方法是物理学的桥梁。

（三）物理学是带有方法性质的科学

由物理学发展历程可知，要制定问题的研究策略，同时也要制定解决问题的策略，才能够加速物理学发展的脚步。物理学作为辩证唯物主义的基础，影响着人们的思维、观点和思想。

（四）物理学是将实验作为基础的科学

在物理研究中，实验和观察是最基本的方法。人们应该从物理实验中得到感性的材料，使用科学抽象法把现象运用到本质中去，用感性来推理形成物理学理论，进而正确地了解物理世界，在此过程中实验是检验物理学理论真实性的唯一标准。

（五）物理学属于理论科学

物理学的完整性是由反映物质运动和作用特征的概念规律运用逻辑推理得来的，物理学概念是经过人们实验总结而来的，物理学规律是经过严密分析实验结果，通过概括抽象得来的。

（六）物理学是定量科学

物理学中的基本公式反映了物理间函数关系的规律性，这也证明数学和物理学有着密切联系。数学是探究物理学的主要工具，它能够为物理学提供物理概念的描述，数学也可通过精准的语言进行表达或者使用计算工具解决存在的物理问题。通过数学定量阐述物理规律和概念的定性表达过程，是目前物理课程最显著的特点。

（七）物理学是应用广泛的基础科学

物理学能够探寻自然界物质运动的形式，同时也是自然科学和工程技术的基础。科学技术被应用到物理学中，影响着社会生产力和人们的生活。因此，工业技术的突破体现了物理学的价值。

二、物理教学的特点

（一）以观察、实验为基础

在物理学发展过程中，实验与观察有着决定性的作用，不仅是构建物理概念和认知物理规律的基础，同时也是学习物理学的基本方式，因此教师在开展观察与实验时，需要为学生提供纯化、简化的感性材料，让学生能够明确地认识物理事实，易于学生构建模型。同时实验有着生动性、形象性、真实性，可以唤起学生的直觉和兴趣，使操作行为具有目的性。让学生动手实验能够激发学生的操作欲望，培养学生的操作技能，激发学生的操作兴趣，培养实践能力与创新精神。

（二）创设情境

构建物理概念要先创设情境，只有创设情境才能够让学生概括事物的属性以及抽象事物的特征。由经验性常识转变成物理概念，在物理概念教学中，教师需要创设概念的本质情境，培养学生的科学思维；要探索物理学的规律，首先要创设问题情境，让学生根据问题情境发现问题、提取问题、制订计划；选择合适的实验设备进行实验操作，保证能够获得真实且客观的实验数据，通过分析数据形成物理规律，使用物理知识解决问题。生活生产中包含着多种物理学知识，因此教师在教学中要结合生产生活，引导学生把生活中的问题情境变成解决问题的物理情境，并且构建物理模型，使其能够养成关心生产生活问题的习惯。教师在物理教学中需要让学生获得解决物理问题的经验，确保能够将情境与知识联系在一起，让学生更加关心实际社会生活，培养社会责任感。

（三）培养学生的探究能力和科学意识

物理学体系有着逻辑性，人们在探究物理规律时创造了多种科学思维。物理教师要挖掘隐藏的物理知识，例如，建立物理科学推理模型进行科学论证。在教学中，教师应让学生尝试学习物理模型的构建，了解物理模型的应用条件，利用物理模型的构建来探索实际问题。物理教师还应引导学生学习物理概念、建构过程和物理规律形成过程，培养学生的探究能力。在教学中，教师应引导学生发现和解决问题，按照问题需求收集有用信息，并且合理解释有关问题，培养学生表述问题的能力。

（四）重视解决问题

教师要带领学生运用物理思维与物理观念分析生活中的问题，在解决问题时培养学生的实践意识、探究能力和科学态度，有利于形成物理学科核心素养。教师也要鼓舞学生在物理学科核心素养的基础上解决生活中的问题，比如制订学习计划。设计活动时，教师需要让学生分析影响问题的因素，要将复杂的问题划分成多个简单的问题，明确事物间的因果关联，培养学生解决问题的能力。

三、学习的概念、理论及物理学习过程

（一）学习的概念

关于学习的概念有很多，下面简单列举几种：

（1）《格林伍德教育词典》是这样定义学习的：学习是一个心理过程，在这个过程中，个人的知识或行为会因经验而发生持续的变化并且受到学习者的哲学、心理和社会文化观点以及动机的影响。

（2）《牛津英语词典》对学习的定义：学习是教育的中心目的，而不是教学，它通常被定义为一个人的行为、知识、技能或理解水平的变化，这种变化是长期或永久的，是通过经验而不是通过机体的成长或衰老过程获得的。

因此，真正的学习是实现持久或永久变化的内在品质和能力。真正的学习是对法则的掌握，而不是知识的积累；是真理的内化，而不是对表象的记忆；是整体的整合，而不是死记硬背的片段转移。学习是指学生在教师有目的、有计划、系统的指导下掌握知识和技能并规范行为的活动。所谓物理学习就是学生与物理环境的相互作用，而产生一定的相关行为或行为潜能更持久的变化。

（二）学习的理论

学习理论是指在阐明行为变化的原因、揭示学习依据的机制时所形成的理论。学习理论非常多，常见的有以下十六种：

①埃斯特斯的统计学习学说；

②弗洛伊德的精神分析学说；

③桑代克的联结主义学说；

④赫尔的系统行为学说；

⑤斯金纳的操作性条件反射学说；

⑥托尔曼的符号学说；

⑦班杜拉的示范和社会学习学说；

⑧韦特海默的格式塔学说；

⑨勒温的拓扑学说；

⑩皮亚杰的认知发展学说；

⑪布鲁纳的认知发展学说；

⑫加涅的教学类型学说；

⑬奥苏伯尔的认知同化学习学说；

⑭巴甫洛夫的经典条件反射学说；

⑮凯洛夫的特殊认识过程学说；

⑯列昂节夫的社会活动学说。

比较有代表性的：①以桑代克、斯金纳等为代表的行为主义理论，该理论认为学习就是刺激与反应之间的联合（联结主义学说）；②以托尔曼、皮亚杰、布鲁纳和奥苏伯尔等为代表的认知理论，该理论强调有机体自身的能动作用，认为学习是认知结构的改变过程。限于篇幅，这里就不再赘述，有兴趣的读者可以参考相关的教育学、心理学书籍。

（三）物理学习过程

物理学习过程从根本上说是一个认知过程，即学生在与物理环境的相互作用中理解物理世界的过程，也就是学生对物理的认知结构发生变化的过程。认知是一个与知识学习密切相关的心理过程，包括先验知识的准备，知识内容的感知、理解和应用，知识在头脑中的组织以及感知、理解和应用。

学习过程是学生经验积累的过程，包括经验的获得、维持和改变。其重要特点之一是学生由内在因素刺激过程，使学生在原有的认知结构中接受新的经验，丰富原有的认知结构，并生成新的知识结构。学习过程具有系统结构，包括确定目标、激发动机、感知材料、理解知识、记忆保持、迁移和应用、获取经验和评价反馈。当学生准备学习的时候，他们往往有一种期待心理，期待着实现自己的愿望。在学习动机的促进下，学生通过感知、理解、巩固和应用，获得知识和经验。然后，学生得到评估的反馈，并重新投入新学习活动中。

四、系统性科学方法论

物理教学过程有着复杂性特征，因此要使用系统化和科学化的方法进行物理教学设计。系统性科学方法的特征是重视系统设计的整体性、综合性、辩证性。

（一）整体性

设计物理教学需要从整体出发，统筹考虑，从而实现优化整体的目的。按照整体标准可知，物理知识的教学更注重知识结构的作用，应重视知识本身和知识之间的关系。学生在学习知识时，要从整体角度考虑，并且要加强核心概念的学习。

（二）综合性

不同的单元系统都是技术综合体，因此设计技术综合体要保证具有相同性，在探究教学因素后使其生成更大的价值。教师教学效果好是由于教师在备课时可以分析课程标准与内容，同时也能够分析学生的心理。

（三）辩证性

教学过程辩证性是指不搞绝对化，秉承适量原则和适度原则，同时也能够将教学中的问题与矛盾快速处理，但在处理过程中不可一刀切或者模式化。

第三节　核心素养导向的物理教学设计

科学探究源于问题，学生只有产生疑问，才能有探究问题的欲望，进而对客观世界有正确认知。

一、核心素养在国内的探索

我国研究核心素养处在起步时期，对核心素养的内涵缺少准确的定义。20世纪80年代，我国开始探索素质教育思想，在健全素质教育的基础上，推动素质教育使其变成教育事业的变革基础。

课程改革能够有效落实素质教育工作，1993年7月，国务院颁发《中国教育改革与发展纲要》，并且指出中小学需要由应试教育转变为提升国民素质。1994年8月，中央发布了关于如何加强德育工作的文件，素质教育首次被正式提出，我国教育也正式进入素质教育时期。

1996年，国务院颁发了《关于深化教育改革全面推进素质教育的决定》，在此背景下，实施通识教育，贯彻党的教育方针，提高国民素质，培养学生的实践能力和创新精神。以政府为主导的通识教育在全国范围内开展，以期对学校课程和教学实践产生更大的影响，为新的教育课程改革提供依据。

2001年的新课程改革是我国为实现素质教育理想，并最终完成教育启蒙和教育民主百年大业的又一次努力，确保在落实素质教育理念的过程中培养新型的人才。我国教育改革面向全体学生加速发展，从而提升学生为社会与人民服务的责任感，让学生形成探索的精神与解决问题的实践能力，同时秉承德育为先，以能力为核心，实现全面发展。

2014年4月，为了提升国民素质，培养社会与时代发展所需要的创新型人才，需要在培养人才中发挥课程的核心作用。我国教育部提出了确立学生发展核心素质和学业素质的标准，同时在教育领域提出了核心素质的概念。教育部以培养学生各阶段的核心素质为目标，加强学生自身的发展以及积极的创新实践。因此，素质教育迎来了新的阶段，也就是培育核心素养时期。

开展立德树人教育，一直是我国教育的根本任务，坚持立德树人教育才能更好地提升学生的思想水平，培养学生的创新能力与动手实践能力，让学生可以提升文化修养与生态文明素养，这也是对全国学生教育的最低标准。2018年3月28日，我国向外公布21世纪核心素养5C研究报告，在此报告中凝聚了我国学者各领域的研究成果，同时明确我国国人所需要具备的5C核心素养，包含文化理解与传承审辩思维、创新、沟通、合作。

五大素养相辅相成，有着不同的重心，但又有着关联性。要以"文化理解与传承"素养为核心，为其他素养提供价值指引。审辩思维与创新更多地表现为认知能力，审辩强调理性、有条理、符合逻辑，创新强调突破边界，打破常规。沟通与合作侧重反映个体的社会技能，沟通强调共情，合作强调在实现目标的前提下做必要的坚持与妥协。

在2018年9月10日举办的全国教育大会中，习近平发表了重要讲话，同时对21世纪教育思想进行了阐述，他号召要在党的领导下贯彻教育方针，秉承马克思主义指导地位，同时也要坚持中国特色社会主义道路，立足国情，按照教育教学规律进行创新，通过凝聚人心来健全人格、培育人才，从而造福人民。

习近平指出，教育的首要问题是培育何种人。我国作为中国共产党所领导的社会主义国家，要将培养社会主义建设者和接班人作为首要任务，同时也要为中国特色社会主义培养出有用人才，能够拥护中国共产党的领导。习近平指出，只有构建德智体美劳培养教育体系，才能使人才培养体系水平得到提升，因此要将社会实践教育、文化知识教育、思想道德教育应用在立德树人的环节中，并且贯穿职业教育、基础教育和高等教育，使管理体系、教学体系围绕此目标开展设计工作。教师围绕此目标进行教学，学校围绕此目标进行学习。

习近平指出，应在秉承理想信念的基础上，弘扬爱国主义情怀；要在提升学生品德修养的基础上，使学生能够增长见识，在培养学生奋斗精神的基础上，让学生能够提高综合素质；要在加强学校美育的基础上，以文化人、育人，提升学生的人文素养和审美素养，使学生能够弘扬劳动精神，崇尚劳动，尊重活动，懂得劳动最崇高。

二、核心素养的价值与本质

（一）核心素养的价值

就核心素养的基本理论而言，其内容包括核心素养的理念、核心素养的理据、核心素养的特质、核心素养的培养。就核心素养的理念而言，核心素养是个人参与社会生活所不可或缺的基本、基础与核心的素养。核心素养指个人为了全面发展，成为一个健全的个体，并适应社会复杂生活情境需求所必须具备的关键素养，包括使用知识与技能的能力，以及态度、情感、价值观与动机等。核心素养不只包含学科知识、基本能力与态度、情意与价值观，更强调以公民作为终身学习的主体。

核心素养统整了知识、能力、态度，在学科知识、基本能力、核心能力与关键能力基础上，扩展进化、升级转型，成为公民适应当前与未来社会生活的素养。核心素养可以使人适应社会需求，它适用于复杂多变的新经济时代与信息社会的科技网络时代的各种生活场域，可以满足生活情境的复杂需求，同时涵盖学科知识、基本能力与核心能力、态度、情感等方面，更可以弥补人们基本能力的不足。因此，我们有必要适应社会变迁，使人们具备当代及未来生活所需的核心素养。

就核心素养的理念而言，核心素养要合乎关键的、必要的、重要的核心价值，具体如下：

1. 核心素养有关键价值

核心素养不仅有助于个人发展潜能，获得社会与经济效益，还具有超越特定"职业、工作"的社会价值，进而拓展至终身学习、社会公民责任等关键价值。

核心素养是一种有助于个人发展与社会发展的关键素养，是居于核心地位的关键要素的核心，也是有助于个人发展与社会发展的要素与核心。核心素养不仅有助于经济发展，更有助于个人的健康、亲子关系、社会福祉、社会与政治参与等方面的发展。从社会人力资本对个人、经济、社会的关键核心价值而言，核心素养是关键素养，必须具有关键的核心价值，它不仅有助于个人潜能的发展，还能产生社会与经济效益，更有助于个人与社会关键价值结果的产生。

2. 核心素养有必要价值

核心素养具有必要价值，有助于个人将自身素养应用在各种生活情境、社会场域、学校教育环境与学习领域中，以适应生活中各种必要而复杂的需求，从而带来效益。这种必要的特质，就是一个人在生活和行动中应遵循的原则。

核心素养是个人为了发展成为健全的个体，适应生活情境需求所不可欠缺的必要素养。核心素养是所有社会成员必须具备的素养，也是居于最核心地位的必要素养。同时也是个人参与不同层面的活动，为了有良好表现并获得成功，承担消费者、学生、家人等不同生活领域的角色，而必须具备的素养，它可以帮助人们适应广大生活情境、社会场域、学校教育类别与学习领域的复杂需求。

换言之，核心素养具有必要的价值，有助于个人有效探索并跨越多种生活情境的边界，如经济层面、政治活动、社会关系、家庭生活、公共与私人人际关系，以及健康休闲领域、各种学校教育类别与不同学习领域等。核心素养是跨领域的，可以应用在不同的生活情境、社会场域、学校教育类别与学习领域中。学习应该贯穿人的一生，核心素养的学习是整合学习与生活、跨越家庭、社区、学习、工作、休闲及其他生活领域的历程。为适应社会不断变迁，现代人必须具备"学会求知""学会做事""学会共处""学会自我实现""学会改变"等终身学习的核心素养。为了能够充分发展阅读、思考、生活与创造能力，学习已经成为贯穿现代一生的持续历程。

3. 核心素养有重要价值

核心素养对每一个人都十分重要，具有共同的重要性，这不只是针对特定教育阶段，而是针对每个教育阶段。换言之，核心素养具有重要价值，不是针对专家，而是对每一个人都十分重要，具有共同的重要性。联合国教科文组织强调具备核心素养对每一个人均有其重要性，应该本着人人平等的原则为每个人提供核心素养的学习机会，以协助其持续发展。核心素养有助于个人获得成功，有助于社会建立健全功能体系，为此我们应积极促使每一个人都具备持续发展核心素养的能力，创造适宜人们发展核心素养的社会环境。

核心素养是人们经过学校教育所获得的知识、能力与态度，有助于人们日后有效适应社会生活。所以，核心素养是通过以素养为本的课程，通过以素养为核心的课程，经由学校教育习得的素养，可有效促进人们获得美好的个人生活，进而建构功能健全的社会。核心素养彰显教育是社会发展的根本基础，而素养是教育的具体展现，可以促进在知识、能力、态度上的统整，对个人发展及社会发展影响深远，而且课程的教材与教法不只是促进人们心智发展的工具，更是提升人们素养的重要媒介。因此，以核心素养为本的课程设计，可以提升人们的核心素养，有助于个人发展与社会发展。核心素养的课程改革，不仅是个体发展与社会发展的关键，更是培育高素质人才的重要基础，是教育的改革重点。

（二）核心素养的本质

核心素养是核心的素养，是适应当前与未来社会生活所需的素养。我们通过课程设计将学科知识、基本能力与核心能力加以扩展、升级转型并统整为精密组织的螺旋结构，成为可教学、可学习、可评价的核心素养。核心素养合乎课程设计的连续性、顺序性、统整性，可增强各学习领域、科目课程设计的衔接性与连贯性，进而构建各教育阶段课程的连贯体系，促进各教育阶段课程相互衔接，提升教师的课程设计与教学实施效果并提升学生的学习效率，达成教育目的，促进个人发展与社会发展。因此，核心素养被称为课程发展与设计的关键。

上述有关核心素养的理念，合乎核心素养的核心价值，也符合核心素养促进个人发展与社会发展的双重功能，可作为制定教育目标的重要依据，具有深刻的内涵。关于核心素养的定义，我们可从以下四个方面理解。

1.教育主体性方面

就教育的主体性而言，核心素养的表述可彰显学生的主体性，它并非针对某个特定的学习领域，而是强调不以学科知识作为学习的唯一范畴，学生可以通过"做中学""知行合一"与"学以致用"，把核心素养统整运用于生活情境中，在动态发展的社会生活情境中实践。核心素养强调教育的价值功能，是后天努力学习而获得的知识、能力、价值、态度。

社会发展与人力资源教育要求我们通过各阶段教育，强调核心素养后天学习的重要性，通过教育规划引导学生学习，培养学生的核心素养。

2.适用社会方面

就适用社会而言，核心素养能够使人们积极适应个人及社会的生活需求，应对现在与未来的生活挑战。核心素养承载着学科知识、基本能力与核心能力等，含有更丰富的教育内涵，特别是核心素养内涵。核心素养可适应社会需求，适用于复杂多变的新时代的各种生活领域，包含复杂生活所需的语言素养、科学素养、信息素养、媒体素养、多元文化素养、环境生态素养、自主行动素养、沟通互动素养、社会参与素养等。因此，我们有必要适应社会的变迁，培养学生生活所需的核心素养。

3.理论依据方面

在理论依据方面，核心素养具有哲学理论依据、人类学理论依据、心理学理论依据、经济学和社会学理论依据等。核心素养是多元化的整体，覆盖知识、能力和态度三方面。与此同时，核心素养的功能是帮助个人和社会实现多元的、全面的发展，它既涵盖学习、社会中的各领域，也涉及人们的反省与思考、学习与行动。核心素养需要我们经历长期的、多阶段的发展培育才能获得。

4.教育功能方面

就教育功能而言，核心素养具有促进个人发展与社会发展的双重功能，强调人们为了发展成为健全的个体，必须适应未来复杂的社会情境与生活的需求。基本能力强调促进个人发展所需具备的能力，重视个人能力，未能考虑社会需求，也未能全面顾及社会功能。而核心素养可协助个人获得美好的个人生活，进而构建功能健全的社会，满足未来社会发展需要。

核心素养是学生经过学习之后所必须具备的素养。核心素养是共同性的素养，具备多种功能，可以达成不同目标，可以运用到不同社会情境与学习领域中，并有助于个人适应未来生活与社会情境的复杂要求。核心素养可以作为制定课程目标的重要依据，人们据此进行课程规划、设计、实施与评价。所以，核心素养是课程发展与设计的关键。核心素养不仅是关键的、必要的、重要的素养，更是人们应共同具备的素养，具有促进个人发展与社会发展的双重功能，可满足每个人的生活需求，使人们获得美好的个人生活，使人们构建经济繁荣、政治民主、社会团结、机会均等、功能健全的社会。

三、物理学科核心素养

（一）修改高中课程方案与课程标准

在党的十八大和十九大中明确指出立德树人的标准，要求先深化教育课程改革。教育部安排 260 多位专家修订普通高中课程计划和各学科课程标准，并在 2017 年底前发布新的课程标准和方案，彰显了育人导向的作用，加强了整体性、科学性和思想性。

在此次修订中专家总结了 21 世纪改革普通高中课程的经验，同时也参照国际课程改革成果，修订普通高中课程方案与标准，使其符合国情，具有国际视野，从而构建完善的普通高中课程体系。

第一，修订背景。首先，满足立德树人的任务需求。党的十八大指出要将立德树人作为教育任务，而党的十九大也指出完善立德树人任务，从而发展素质教育，这些要求要落实在普通高中课程方案与课程标准中。其次，解决高中改革所面临的问题。高中课程改革经过数十年发展，并在素质教育中发挥着重要的作用。面对科技文化和社会经济出现的变化，对于培养人才有着更严格的标准，并且也存在有待改进之处，需要完善和修订。最后，加速高中课程与高考改革衔接。2014 年国务院下发的《关于深化考试招生制度改革的实施意见》指出，统筹谋划高中课程与高考，并且使两者做好有效衔接。

第二，印发课程方案与课程标准。首先，落实党的十八大与十九大的精神，在课程方案与课程标准中需要融入我国特色社会主义思想，并且需要培养具有担当的新人，使学生认识到党对工作领导的重要性，同时也要对社会主义初级时期的矛盾转化有着正确的认知，秉承绿水青山就是金山银山的理念，从而形成创新精神和工匠精神。其次，加强传统文化与革命教育。要根据各学科的特征，丰富有关内容，培养民族文化自信，同时也要输入红色基因。最后，优化学科育人功能。各学科需要凝练学科核心素养，把党的教育方针中有关人发展的要求细化到各学科中，使学生学习此课程后能够养成关键能力与正确的价值观，并且也对学业质量有着严格的标准。学业质量是综合衡量学生多方面发展情况的标准，要构建新的质量观，改变一味只看重知识技能的方式，让教学更加重视育人目标，同时将立德树人的任务应用在实处。

第三，课程方案的变化。首先，明确定位普通高中教育，普通高中教育较为强调升学率，应在完善义务教育的基础上提升国民素质。大众基础教育是为学生升学做准备的，同时也要让学生适应社会生活与职业发展，让学生能够得到更好的发展。其次，要根据学生的学习需求与考试需求，增强课程的可选择性，从而为各发展方向的学生提供可选择的课程，让学生能够学习全部科目并达到基础性要求。若是学生具有特定潜力，则可在有关科目上多学深学，保证能够学有所长，因材施教。最后，进行有效的制度建设。根据选课走班的标准来明确课程，明确实施环节的责任主体，同时设置管理和监督的内容，落实各级教育行政部门与学校的责任。

第四，课程标准的变化。新课标在内容文本结构等方面进行了优化，首先是文本结构变化。文本结构新增了学科核心素养与学业质量两部分内容，保证内容全面，结构完整，从而提升标准，其次是具体内容变化。课标内容要彰显思想性、整体性和时代性，各学科课标要深化社会主义核心价值观教育，同时也要突出革命文化、传统文化、先进文化教育内容，凸显马克思主义中国化成果与科技成就，也要重视学科内在联系与学科间的配合，确保克服碎片化问题。最后是实施要求变化。根据实际需求开展指导性操作，加强教材编写，实施教学评价考试策略。一些学科也要增加评价案例，确保能够更好地理解课标含义，发挥统领作用。

（二）物理学科核心素养的定义

物理学科核心素养是三维课程目标的提炼和升华，为新课改指明了方向，同时也对物理教师的教学设计能力及高中物理教学提出了更高的要求。它是核心素养在物理学科的具体化，是物理学科本质和育人价值的具体体现。

《普通高中物理课程标准（2017 年版 2020 年修订）》中对高中学生通过学校学习应达到的物理学科四个方面的核心素养做了说明，并将每个核心素养划分为五个水平进行描述，为广大教育工作者进行物理教学提供指导。物理学科核心素养是学生通过物理学习，逐步形成的适应个人终身发展和社会需要的正确价值观念、必备品格和关键能力。物理学科核心素养主要由下述四个方面构成。

1. 物理观念

物理观念是从物理学视角对物质、运动与相互作用、能量等的基本认识；是物理概念和物理规律等在头脑中的提炼和升华；是运用物理解释自然现象和解决实际问题的基础，包括物质观、运动观、相互作用观和能量观等观念。

上述基本观念是学生认识世界的基础，也是运用物理解决问题的基础，更是更高层次物理观念的前提。物理观念是整个物理学的核心。

2. 科学思维

科学思维是从物理学视角对客观事物的本质属性、内在规律及相互关系的认识方式；是基于经验事实，建构理想模型的抽象概括过程；是分析综合、推理论证等方法的运用；是基于事实证据和科学推理对不同观点和结论提出质疑和批判，进行检验和修正，提出创造性见解的能力和品质，包括模型建构、科学推理、科学论证、质疑创新等要素。

3. 科学探究

科学探究是指提出物理问题、形成猜想和假设、设计实验与制定方案、获取和处理信息、基于证据得出结论并做出解释、对探究过程和结果进行交流、评估和反思的能力，包括问题、证据、解释、交流等要素。

4. 科学态度与责任

科学态度与责任是在认识科学本质，理解科学、技术、社会、环境关系的基础上，逐渐形成的对科学应有的正确态度和责任，包括科学本质、科学态度、社会责任等要素。

物理学科核心素养的四个要素是相互联系、共同发展的，物理观念的形成过程也是学生发展科学思维和科学探究能力的过程，同时伴随着对科学本质的认识不断深化的过程和科学态度与社会责任感的发展过程。科学思维的形成是对物理观念的深化，也对科学探究的培养起到铺垫作用。科学态度与责任的培养是物理观念和科学思维在实际中的应用。

（三）培养物理学科核心素养的策略

1. 实施课程建设

首先要贯彻党的教育方针，落实立德育人任务，提高学生的思想道德素质，使学生具有创新精神、实践能力，塑造强健体魄，提高学生的文化素养、生态素养和国民素质。构建区域育人课程体系，实现区域育人的目的；先建全评估监测体制，从而引领学校完成育人的目标；按照普通高中课程改革与普通高中物理课程标准的要求，确定物理观念、科学探究、科学思维等物理学科核心素养，在核心素养课程体系建设下，构建物理学科课程体系，从而培养物理学科核心素养。最后要根据高考改革的要求，开设具有特色的物理核心素养课程，培养学生的物理学科核心素养。

2. 实施课堂教学

要想先达成课程目标，主阵地是在课堂，因此要根据课堂教学理念变革物理课堂教学的内容，在设计教学时要将物理核心素养作为导向，同时要把科学思维，物理观念、科学探究、科学态度与责任作为要求贯穿在教学中，全面培养学生的物理学科核心素养。

由看重学术变为重视教育形态和学术。高中物理教学具有科学物理和教育物理的双重特征，因此物理知识也具备两种形态，分别是外显学术形态与内引教育形态。外显学术形态，彰显的是知识表层含义，也就是阐述物理世界。而内引教育形态反映的是知识深层含义，包含在知识背后的价值取向与思维方式。

由重视理论变为重视科学思维。科学思维是物理学科核心素养的一种，高中物理教学的任务是让学生能够养成科学思维。传统教学看重应用理论知识，忽视思维过程。例如教师在讲解法拉第电磁感应定律时更加看重学生对定律的使用，而未重视在教学中培养学生的核心素养。教师应创设问题情境，唤起学生的认知思维，激发学生的内驱力，使学生成为探索者，参与学习活动。教师还要根据学生的经验，制定有关物理问题，让学生结合已有的知识与将要学习的知识来解决问题，培养学生的学习兴趣。教师在教学中选取的讲解内容需要与学生的生活密切相连，保证选择的素材能够引起学生的兴趣；在教学物理规律和概念时要应用生动的语言，构建物理情境，使学生能够对学习的内容欣然接受。教育部指出，要积极推行自主、合作、探究的学习，教师要转变课堂教学观念和组织方法，培养学生自主、合作、探究的能力，确保学生实现全面发展。

3. 使用质量监测来导向

在新课标中明确学业质量的内容，明确学业质量能衡量学生多方面发展的情况，同时改变只看重知识技能的做法，让学生重视育人的目标。要研制学业质量标准，将学业质量划分成多个等级，从而使教师能够根据教学要求，因材施教，为考试评价提供依据。为了落实培养学生核心素养的任务，必须对全区中小学教育质量进行全面监控，加大监控和评价力度，改进教学方法，使学生快速成长，提高学生的核心素质。

四、核心素养导向的物理教学设计的主要特征

（一）以学生为主体

引导学生实现自主发展，同时落实核心素养。物理课堂的发展主体是学生，因此学生发展的动力主要源于学生的好奇心与求知欲。学生所提出的问题是学生想要探究的问题，教师要给予学生此种机会，它也是知识技能发展的保证。学生作为初学者，其探究科学的能力以及表述能力应在教师的帮助和指导下得到发展，同时养成严谨的科学态度，这些均是物理教学的目标。落实教学目标，才能让学生提高核心素养。

（二）加强学生学习的认知

学生要在认知基础上开展深层加工，在原有认知和新认知的基础上形成新的思维方式。学生学习物理的过程不是将书本知识与教师讲解的内容装入头脑中，而是在指定的教学情境中发展认知的过程，它也是认知结构与认知方式变化的一种体现方式。学生要在教师的指导下加工、补充、修正，形成新的认知结构，这些认知结构能够为后续学习提供保障。

科学的探究环境，让学生进行思考和观察，保证教学过程在教学中的作用。保证实验的真实性，是培养学生核心素养的必备条件。真实的实验过程有着复杂性，学生思维有着多样性，因此在教学设计中无法完全预测所有问题。在非预设课堂上，教师可以充分利用任何情境，将其作为教学资源，使学生养成解决问题的能力。教师要合理应用突发事件，培养学生的核心素养。

（三）使用不同的教学策略

根据教学案例，研究物理教育的成果，促进学生核心素养的发展。教师要从学生的认知出发，循循诱导学生理解核心概念，使学生能够养成科学的态度与科学探究的能力。教师要使用不同的教学策略，让学生通过深层次的认知活动来探究问题。在物理学中，建构模型是主要的研究方式，教师要让学生参与建模活动，让学生理解不同的模型是如何被建构的，在体验中学习模型的作用、性质、使用范围，使学生能够学习建构，通过不同的模型解释相同的现象，让学生对核心概念有正确的理解。

（四）选择有效的教学方式

物理教学过程是教师教学和学生学习的过程，教学活动构成了教学过程。教学设计既要保证教师的授课方式，又要考虑学生的学习方式，使二者可以融为一体。为了调动学生的学习积极性，加强学生的学习和教师的教学，教师要在教学中合理应用不同要素，选择有针对性的教学方式。物理教学方法多种多样，教师在教学中也创造了多种教学方法，下面具体介绍三种。

1. 启发式教学

启发式教学强调学生的主体地位和教师的主导作用，学生作为教育对象也是认知主体。

进行启发式教学时，需要先考虑学生的主动性、积极性和自觉性，教师一方面要讲解物理知识，另一方面要促使学生全面发展，关注学生德、智、体、美的发展情况，让学生拥有展示的平台。教师要合理运用不同的教学方法，不断优化教学体系。教学一方面要重视教学效果，另一方面要重视教学过程，确保以学习过程为基础建构教学，将学期指导内容作为核心。教师要合理应用启发式教学，揭示物理现象，构建物理情境，开展物理实验。

2. 讲授法

讲授法使用的时间长，推广范围大。讲授法配合应用才能够发挥出作用，因此讲授法在过去和现在都是学校常用的方式。讲授法的优势是让教师发挥主导作用，节省更多时间，提升教学效率，便于学生学习到系统的知识。但是其存在的问题是学生可活动的区域少，容易有依赖思想，也会让教师在课堂出现满堂灌的现象，因此教师在运用讲授法时要保证讲授内容的思想性、系统性和科学性，不仅要突出难点和重点，也要使学生系统、全面地获取科学知识，同时发展科学思维、科学态度。在讲述知识时要先保证能够抛出问题，让学生分析思考，同时也要保证语言有着简练性、准确性和清晰性，增强语言的感染力。

3. 讨论法

讨论法是教师根据学生现有的知识和经验提出问题，使学生勇于思考、讨论、交流并得出结论的一种教学方法。讨论法可以使学生集中注意力，激发思维，与他人合作，积极交流、思考，获取知识，发展语言表达能力。在物理课堂上运用讨论法需要注意的问题是要准备合适的问题，保证问题有着趣味性、明确性、启发性，使学生积极讨论思考。教师要善于引导，启发学生在抛出问题后进行思考，使学生结合自身的学习经验感受分析思考，找到问题所在，从而为讨论奠定基础。在讨论结束后，教师要进行归纳总结，使讲解的知识有着科学化和系统化特征，同时也要纠正错误认知，让学生能够更好地掌握知识。

（五）指导学生采取有效的学习方法

教学是为了让学生得到发展，因此教学中要突出学生的主体地位，学习中要先指导学生使用正确的学习方式。

1. 自主学习法

学生作为学习的主体，需要在课堂上主动地探究知识，完成学习目标。由研究可知，学生对于感兴趣的学习内容能够主动探究，认为感兴趣的学习内容具有挑战性，愿意参与学习，这种学习方式对学生有益。教师在教学中也要调动学生的兴趣，帮助他们形成良好的学习习惯。教师要根据学生的心理特点，为学生留出更多自主空间，使学生能够参与体验，主动地学习。

2. 合作学习

在基础教育改革中，合作学习是一种学习形式，让学生以小组或小组互相支持的方式学习，从而完成任务。学生应承担共同的学习任务和个人的学习责任，积极配合，学生间进行有效沟通，同时加强成员间的信任，在合作中加深友谊，提高信任度，养成合作精神。

3. 探究学习

探究学习以学生的需求为出发点，以问题为载体，在物理学领域明确研究的主题，同时创设研究情境，让学生能够独立自主地探究问题，同时参与收集处理信息等探索活动，更好地获得技能，培养学生的创新能力和探索精神。学生作为探究学习的主体，教师在学生的探究学习中，需要做到以下几点。第一，提出问题，开展猜想和假设。学生在生活和学习中要具备问题意识，使用发现的眼光来对待周围的变化，同时发现问题、提出问题。第二，选择探究方式，制订探究计划。第三，明确探究过程，探究过程是探究学习的主要时期，在此时期决定学生是否能够获得结论，因此教师要引导学生提出猜想并进行实验探究。学生在探究中能够积极参与思考，通过与他人交流来探究学习过程中遇到的问题。第四，评估探究过程，开展合理的交流。

第二章 物理教学目标的制定

培养创新型人才需要具有创造性的教学。在教学工作中，最能体现教师创造性的工作成果就是教学设计。物理教学设计，以物理教学理论为指导，运用系统科学的方法，综合考虑教学过程中存在的不同因素，在分析教学内容和学生特点的基础上，确定教学目标，选择合适的教学模式、策略和方法，运用教学评价方法，形成有序的活动过程和具体的操作方案，指导教学过程的有效实施。

第一节 物理学科核心素养和课程目标

一、物理学科核心素养的内容

（一）物理观念

物理观念是高中物理学科核心素养的重要内容，近年来，核心素养的概念已经深入人心。在教学过程中，各学科都十分重视学科素养的培养。作为一名高中物理教师，在教学过程中，应把培养学生的物理核心素养作为一个重要的教学目标。物理观念是物理核心素养的最基本内容，在物理课堂教学中，教师一定要采取有效的措施和途径来促进学生物理观念的形成。

何为物理观念，要对物理观念有正确的了解，要先明确观念是什么。在哲学中，观念指的是人们所反映的客观事物，也是人们对客观事物形成的看法以及认知。对每门学科而言，其知识结构以基本观念为基础，将有关的经验知识作为理论体系，观念在此体系中有着重要的作用，它也是科学理论的核心。由此可知，物理观念指的是人们在物理学角度形成的运动、物质、作用等基本认知，同时它也是物理规律和概念在头脑中的一种升华。物理观念是由物理知识得来的，但与物理知识存在差异，它是在学生头脑中对详细物理知识的一种总结。高中物理课程的核心概念与包含的知识体现了物理观念的核心，同时也是物理观念形成的基础，因此若是未深入学习物理知识，便不会形成物理观念。

1.物理观念的内容

物理属于自然科学课程，其特征是探究现象中的物理规律，如物质性质和运动规律等。同时物理实验是研究物理学的一种途径，科学研究物质性质和运动规律能够让自然与社会实现可持续性发展。从物理学科的研究特征角度可知，物理科学对自然世界的思想方法有着正确认知，同时也能够更加合理地明确价值取向，因此物理观念含有物质观念、运动观念等要素，这些观念能够让人们对大自然有正确的认识，同时也能够加速物理科学的进步。物理观念作为实践发展的产物，是抽象思维形成的结果。教师在物理教学中的观念是学生反思和概括物理学科知识形成的基本观念，也是学生探究物理知识、反思学习方法的观念。物理观念包含的内容如下：

（1）物质观念

世界是物质的，社会和自然界也均是物质的，它是一种客观存在的形态。教师在进行物理教学时，要让学生形成正确的物质观念。

（2）运动观念

运动是指宇宙间一切事物、现象的变化和过程，具有广泛性与普遍性。第一，运动作为物质的固有属性，也是物质形态存在的主要方式，物质是运动的物质，运动是物质的运动。物质作为运动的承担者，若是与物质分离，则运动将不复存在，因此物质和运动间有着密切的关系，两者相互依存。静止是运动的一种状态，静止是绝对运动着的物质的具体存在形式，是有条件的相对静止。如果事物处于量变阶段，则会维持质的稳定，表现出相对平衡的状态。运动绝对性与静止相对性是物质运动的两个属性，静止和运动作为发展与存在的不同状态，两者可同时存在。静止能够区分事物，认识事物，运动会打破静止，让事物出现变化。所谓无运动便不会静止，由此可知，运动与静止两者间相互渗透，确保一切事物动中有静，静中有动，两者不得转换。探究物理学的运动得知，世界上物质处在相对的运动状态或者是静止状态，但并不是全部的事物均具有绝对的静止或绝对的运动。运动观念是当下学生所熟知的一种物理观念，因此教师需要引导学生，让学生能够理解相对运动，这样才能够计算相对位移、速度等有关物理量，学习运动学和动力学。

2.物理观念的培养策略和方法

（1）培养策略

第一，融合物理学史，领会物理观念的作用。融合物理学史，让师生可以从规律概念定义中跳出，将技能和知识作为基础，从而探究真实的科学过程。在物理课堂上要合理地使用物理学史，使学生可以接受物理的变革，领会物理学思想，从而探究物理学发展史，让学生正确理解物理学理论变革与物理观念，明确物理学中复杂的数学定义和公式，这些均是物理观念的表达形式。

第二，合理学习物理知识，加速形成物理观念。基本物理观念是由物理知识得来的，但却和物理知识不同，它并不是简单地积累物理知识，而是总结概括物理知识，具有迁移性。在物理学中，核心概念以及包含的知识概念是物理观念形成的源泉。物理观念引领着物理知识不断发展，可以增强物理知识的灵活性和能动性，若是缺乏物理观念，则无法迁移和使用物理知识，由此可知，两者相互依赖和促进，加强物理知识的学习，可以形成正确的物理概念。

第三，探索体验，实现物理观念的内化。形成物理观念需要学生有着认知性和体验性，物理观念无法帮助学生记忆如何形成物理知识，学生应在探究活动时，对物理知识有着正确的理解，在理解使用的知识后也要进行概括和总结。物理教师要使用物理模型、概念培养学生的思维，让学生在主动探究中理解物理知识，同时在相关情境中可以迁移使用，增强知识的概括性和整体性，保证能够内化物理观念。

（2）培养方法

第一，在课堂中渗透物理观念。结合学生的物理观念、认知水平可知，物理观念的形成无法在某个时间段实现，它是一项艰巨且长期的工程，要在物理教育中合理渗透物理观念教育，从而实现理想的效果。课堂是形成物理观念的主要场地，也是物理教育的主要场所。在此场所中，教师需要重视培养物理观念，从而让学生受到物理观念的熏陶。加强学习，使学生能够获取物理学知识。传授知识是物理学教学的首要任务，但如何传授知识值得深思。应试教育看重考试内容的知识点，学生只有死记硬背，做套题，素质教育下更加推崇人实现全面发展。课堂教学中，要在保证物理学知识系统性和整体性的前提下传授知识，使学生懂得如何学习。同时渗透学科教育，了解物理知识是如何出现。物理学史是创新历史，物理学史包含物理学知识、科学思维方法，同时也体现着科学精神态度，是对学生全面教育的资料。物理学史含有科学思维形成的案例，同时其内容和物理教材间有着密切联系，能够调动学生学习的积极性，因此教师要认真设计，在教学中贯穿物理学史知识，保证教学内容有着生动性，能够更好地培养学生的物理观念。教师在课堂上需要和实际生活密切联系，让学生能够观察到身边的科学，比如学生对电子信息技术充满兴趣，教师要针对此种现象阐述电子信息技术中物理知识的作用，同时也要提醒学生，让学生发现科学在身边，培养学生的物理观念。

第二，开展综合实践活动，培养学生的物理观念。学生生活在社会实践和现实生活中，综合实践活动倡导学生能够正确认识自我以及与自然间的联系，使学生能够积极参与实践并获得丰富体验，让学生对自然更加关爱，产生责任感。学生要在日常生活中发现问题，形成解决问题的能力。

让学生综合运用学过的知识参与小组合作，通过合作养成分享意识和创新意识。开展综合实践活动能够让学生学习物理知识，同时开展交流。物理课程含有综合实践活动，要探究课题。在探究这些课题时，教师应引导学生根据科学研究过程，通过测量、调查和收集的方式收集研究数据和事实数据，并利用实验研究使学生形成物理观念。

第三，校本课程是学生发展物理观念的一种方式。要结合特定环境资源，比如学校、学生等，研发出满足学校要求、学生需求的校本课程，让学生能够根据课程的内容，正确认识物理学科现状和前景，培养学生的物理观念。

3.培养学生物理观念的基本要点

（1）引发学生的认知冲突，实现错误前观念的转化

认知冲突的引发是指，当原有观念与新经验之间出现对立性矛盾时而感受到的疑惑、紧张和不适的状态。建构主义认为，学生的学习是基于原有经验，并通过不断地与新信息进行交流，在学生的头脑中建构出的新的认知模式，即产生新知识。在这一过程中，学生原有经验的激发及与新知识的交互作用是建构认知模式的关键。认知冲突是在积极的认知活动中产生的，学生在真实情境面前联想起原有的知识经验，而且试图对新、旧经验进行对照、整合，并试图找到新的平衡，即认知冲突的解决过程。

处在适度认知冲突的氛围中，行动最有动力，解决认知冲突有不同的途径，研究表明，原有观念在遇到新观念时，学生对新观念的处理方式通常有三种情况：

一是径直地拒绝新观念；

二是通过机械记忆，新观念取代旧观念；

三是对新旧观念进行整合，接纳新观念。

具体的物理教学中要实现原有观念的转变则需要满足三个条件：

一是原有观念，跟物理事实存在矛盾；

二是新观念比旧观念更易于解释物理事实，即新观念具有可理解性和合理性；

三是新观念的有效性。

对刚开始接触物理学科的学生而言，在学习具体的物理知识之前，其对物理学科的某些理论的感知实际上存在着一定的错误认识。比如对自由落体运动的研究，大多数学生在学习物理知识之前，都会普遍认为重量大的物体在自由落体运动中的落体速度会快于重量小的物体。经过物理学科的学习之后，我们知道，物体在自由落体时，落体的速度和物体的质量并无关系。

这就需要教师对学生进行合理的引导，因为物理的学习需要学生将抽象的概念具体化，尤其是对运动的研究，需要学生在脑海里构建相应的运动情境。错误的认识对学生后期的学习是极大的障碍，因此，在正式学习之前教师必须纠正学生先前的错误认知，这样不仅能够有效地引导学生塑造自身的物理观念，更重要的是纠正了学生的学习方向，为后期的学习铺好道路。

（2）促进绿色通道的铺垫，拓展学生的物理观念

绿色通道的铺垫，是指以学生原有的物理观念为基础，将原有的观念和新观念结合起来。在两种观念之间搭建一个适宜的连接点，有利于将原来固有的观念向新的观念进行转化。对于这种绿色通道的搭建，主要包括四个步骤：第一，以暴露学生自身先前的观念为目的，创设相应的问题情境；第二，创设一些可以令学生只通过直觉便能理解的问题情境；第三，启发学生结合对问题情境的感知，对原有的观念和新观念进行一定的类比，并逐渐寻找原观念和新观念的结合点；第四，在教师的引领下，完成学生自身物理观念的拓展。

例如，在进行"电场力做功和电势能转化的关系"的教学时，就可以借助类比的方法。因为此前学生已建立了功是能量转化的量度及重力做功与重力势能转化关系等观点。故而在教学中，首先，让学生研究升降机中的物体在升降过程中重力做功与重力势能转化的关系；其次，让学生自主探究电场力做功时能量如何转化；最后得出电场力做功与势能转化这个能量守恒关系。实践表明，借用类比是发展和拓宽学生物理观念的"绿色通道"，它能有效地使学生的认知在原有的基础上得到与科学观念相一致的发展。

（3）挖掘实验探究功能，促进物理观念构建

物理观念是隐藏于具体性知识背后的概括性观点和思想方法，物理观念只有在学生本人亲自经历知识的探索发现过程，并对具体物理知识进行深入分析和挖掘的基础上才能展现出来。因此，在课堂教学中创设实验探究情境，让学生亲身体验物理知识的发现过程，感悟物理知识中蕴含的思想、观点和方法，使学生通过高水平的思维活动，深刻理解和掌握物理知识，并通过不断的反思、概括、提升，从而促进物理观念的构建。

（4）引导学生体验评价，反思概括

只有让学生不断提高自身对物理定律和概念的感知能力，才能不断加强其对物理知识的理解以及对物理观念的培养。虽说物理观念需要教师去不断引导，但学生主动去感知更有利于形成扎实稳定的物理观念。

（5）加强知识学习，促进物理观念的形成

要形成良好的物理观念，基础知识的学习必不可少。众所周知，基础理论和基础知识是塑造物理观念的根基。正所谓，理论基础决定上层观念的建筑，形

成物理观念并非一蹴而就的事情。大量的实践工作告诉我们，学生的物理观念是在平时基础知识不断学习和强化的过程中培养出来的。没有相应的理论知识做储备，不仅不能形成合理的物理观念，甚至有可能误导学生的学习方向，使其对某些物理知识的思考误入歧途、走入死角。因此，要塑造好学生的物理观念，就必须在学生日常物理基础知识课程上下功夫。只要教师能够透彻地剖析每一个物理知识的思想，学生形成物理观念便是水到渠成的事情。

4.培养学生物理观念的教学模式

（1）阶梯式教学模式

阶梯式教学模式是一种基于学生现实发展水平的教学模式，要求教师从学生身心发展规律和认知水平出发，将教学活动进行整合，并最终设计成分层次的学习阶梯序列，引导学生循序渐进地把握对应的知识，从而不断提升学生的发展水平。由于物理观念的形成本身就是从低阶往更高阶概念提升的过程，因此教师在课堂教学中也应该设计阶梯性的学习活动，从学生的经验水平出发来引导学生把握相关的概念，然后再从概念水平出发来引导学生思考、探究，促进学生思想方法水平的提升。例如在学习"合力与分力"相关的内容时，教师要先从学生已有的经验出发，引导学生思考一个大人推动一个物体和两个小朋友共同推动这个物体的力的作用是否完全相同，将学生的物理经验激活，引出"等效替代"的思想。接着，教师要从学生的经验水平出发来引入相关的概念，给出"分力""合力""力的分解""力的合成"等基础的概念，引导学生深入认识"等效替代"的思想。最后，当学生深入领会物理思想和方法之后，教师就可以引导学生利用这种思想来学习新的物理知识。经历了这样的过程，就能够很好地促进学生物理观念的形成。

（2）螺旋式教学模式

螺旋式教学模式是指从学生的认知发展特点出发，将物理学习中的基本概念和原理作为学习的起点，然后层层递进、不断回归，让学生对相关的概念和知识理解不断深化，深入把握相关的物理知识。学生物理观念的形式同样需要反复回归和升华，因此采用螺旋式教学模式能够很好地促进学生物理观念的形成。在螺旋式教学中，要想培养学生的物理观念，要求教师将学生物理学习中能够起到关键性作用的内容进行回归，而这个具有关键性作用的内容往往具有非常强的整合性，引导学生在整合的过程中对相关的大概念形成深刻的认识。在具体的教学中，当学生学习更深层次的物理概念或者内容时，对于能够帮助学生理解的关键性的内容，教师要回归，帮助学生在新旧知识之间找到有效的衔接，从而为学生的深度学习奠定基础，同时促进学生物理观念的形成。

（3）镶嵌式教学模式

学生在学习某一个大概念时，往往要先学习相关的子概念，这些子概念可能分散在不同的章节，它们相互作用和影响。对于这样的大概念的学习，教师要将零散的知识融入完整的知识结构中，帮助学生建立系统的概念体系，从而帮助学生理解大概念，这种就是镶嵌式教学模式。教师在教学过程中要做好整体规划，要强化不同小节相关知识点之间的内在联系，让不同小节的内容相互渗透、镶嵌，在概念的理解上层层递进，最终促使学生掌握知识，在这个过程中，引导学生不断体验、反思、整合和实践，能够很好地发展学生的物理观念。

促进学生物理观念的形成是新课程标准的重要内容和要求，在实际的物理教学中，教师应引导学生体验、反思、整合，这是形成学生物理观念的重要组成部分。教师在教学过程中可运用阶梯式教学模式，螺旋式教学模式和镶嵌式教学模式来开展教学，引导学生深入理解物理知识的同时培养学生的物理观念。

（二）科学思维

科学思维指的是从物理学角度出发，正确认识客观事物的属性，明确规律的一种方式，它是在经验事实基础上建构物理模型的抽象概括，同时也是在科学领域使用分析同意论证的方法，是在事实证据与科学理论上，批判和质疑不同观点与结论，同时进行检验修正，提出具有创造性能力、科学思维、模型建构、科学论证、推理等有关要素。科学思维是什么？如果想要理解科学思维，则需要明确思维的概念。思维是心理现象的一种，同时也是认识世界的方式，思维是人脑间接概括反映的客观事物，反映客观事物的规律。在辩证唯物主义看来，思维是组织的物质，也就是人脑机能、人脑的思维器官。思维作为人专属的认识能力，让人能够掌握客观事物。在社会实践中，借助综合分析感性材料，使用推理判断的方式构建理论体系，从而反映客观事物的运动规律。思维过程是由具体到抽象，然后再到具体的过程，它为了能够在思维中彰显客观事物的本质，从而正确地认识客观事物。思维规律是由外部世界规律改变的，同时外部世界规律也展现着人类的思维活动。思维在表象基础上运用语言，将知识作为中介。在思维中，实践活动是基础。在某种意义上，思维的认知和智力活动及其对事物内在规律的探索是认知过程的高级阶段，思维也是对事物的间接反映，通过其他媒介正确理解客观事物，结合现有经验和条件推理来判断未知。科学思维是认识自然和人类社会客观规律的一种思维活动，是围绕科学答案的一种理论思维方式。它的内涵是客观的，它的真理是不同的科学思维方法在认识上的有机统一，也是人类实践的产物。

科学思维表现在以下几个方面：

第一，科学逻辑思维。逻辑思维是人类特有的一种思维方式。它是运用逻辑工具对思维内容进行的抽象思维活动，逻辑思维过程的规则化和形式化是要创造出具有科学性的逻辑，比如常见的辩证逻辑、形式逻辑等。

第二，科学系统思维。系统思维是要考虑客体联系间的整体性和普遍性，由认识主体到认识个体的过程是先将客体看成联系的系统，从系统的角度来看各客体，同时加强系统要素间的关联，正确认识系统与环境间的作用。

第三，科学创造性思维。创造性思维是指在科学研究中不受传统思维约束，超越常规思维，突破科研思维方式。创造性思维是学习科学技术的出发点。它需要贯穿于技术研发的全过程，也是创新的关键，符合科学探索活动的规律。科学思维包括正反比较、归纳分类、联想猜想、联想推测等内容，科学思维能力含有观察能力、审视能力、想象能力等。

1. 科学思维的分类和特点

科学思维包含了发散求解思维、逻辑解析思维、哲理思辨思维。发散求解思维是指人们在科学探索中不被思维工具所约束，从多方面思考问题的答案，它包括直觉思维、形象思维、逻辑思维、解析思维等。逻辑解析思维是指人们在探索中所运用道德逻辑性推理工具来判断问题，从而获得解题的思维方式。它包括隐性思维、类比思维等。哲理思辨思维是指人们在探索中运用不同程度的思辨性哲学思维寻找问题的答案，它包括协调思维、系统思维等。

科学思维具有以下四个特点。第一，客观性。科学思维要从实际角度考虑问题，反映事物规律和本质，确保能够真实反映认识的对象。第二，准确性。科学思维要与事物的本质和规律相符，遵循逻辑规律。科学思维具有准确性，随着人们认知能力的提高，思维工具的不断完善，科学思维的准确性不断增强。第三，可检验性。科学思维具有科学性特征，思维结果能被反复验证，这是由于科学思维是使用实验形成的检验思维，不是在不犯错误的情况下形成的思维，是通过实践进行检验的，同时在实践的检验中能够秉承真理。由此可知，科学思维是接受实践检验的思维，需要坚持真理，修正错误思维。第四，预见性。科学思维要合理地应用逻辑规则反映事物规律，因此预见是判断事物发展、对事物发展前景做出合理的预测。

2. 科学思维的意义

第一，科学思维能够让人们养成正确的世界观。要求从实际出发来探寻事物的规律和本质，确保能够合理运用思维方法，使用辩证唯物主义和历史唯物主义分析问题。第二，科学思维能够让人们正确地改造世界。科学思维是正确的思维方式，能够让人们认识和改造世界，因此要遵循形式逻辑要求，反对相对主义，同时也要运用辩证法反对错误的思维方式，使用发展矛盾的眼光看待问题，把握世界。第三，科学思维能够加速学科发展。学科发展与思维模式有着联系，正确思维能够形成科学理论、科学思维，能够让人们正确判断事实和理论，有利于运用科学思维解决新问题。第四，科学思维有利于人们交流，提升人们的素质。人们的交流需要拥有正确思维，科学思维等同于融合剂，能够让各民族和宗教派别和谐的生存。在同一个世界中，科学思维有着精确性，它能够让人们进行理论研究，帮助人们辨别科学思维，能够让人们正确看待思维定式，利用思维定式解决问题。

3. 物理学角度下的科学思维

（1）科学思维特征

科学思维特征表现为在以下两个方面。首先，统一精确性和近似性。科学思维具有精确性和近似性。科学思维要按照要求和问题特征处理近似性和精确性间的联系。其次，统一形象性和抽象性。科学思维具有形象性和抽象性。抽象思维在科学思维中属于关键的内容，形象思维在科学思维中属于新内容。在科学思维中存在着形象思维和抽象思维，两种思维共同作用推动科学技术的发展。

（2）科学思维形式

科学思维的对象是一个多结构、多层次、多序列的完整的网络，各种物质及其运动间的相互作用形成一个有机的整体。而人们对科学事物的认知和反映就形成了科学思维，总是从一个方面、一个层次、一个角度累积地进行。因此科学思维要从多方面、多角度获取有关事物本质属性的信息，同时加工改造外部信息。结合思维对象的差异，科学思维划分成科学形象思维、抽象思维、直觉思维。通过科学判断与科学推理的方式展现自然界物质形态结构间的作用，确保能够正确认识科学事物的本质特征与内在联系。科学思维具有间接性、能动性、逻辑性、抽象性、概括性。科学形象思维以科学形象为思维材料，具有创造性、动态性和形象性。科学直觉思维将科学形象与概念相结合，以整体功能为思维材料，无须应用逻辑推理，借助已有知识来观察事物的本质，并快速做出猜测、假想，具有随机性、突发性和整体性特征。

4. 物理学角度下科学思维的内容

物理学角度下的科学思维包含模型建构、科学推理、科学论证、创新思维。

（1）模型建构

模型建构是一种认识思维的方式，学生要按照研究问题和情境概括客观事物，建构要反映事物的本质。模型建构能够让学生明确关键性要素，更好地理解概念系统和构成过程，从而养成系统思维。高中时期构建模型是在分析模型所包含的要素和结构上，使用模型来阐述物理现象和过程，明确物理概念，确保在真实情境中构建模型。

（2）科学推理

通过科学教育和研究实践获得不同的推理方式，如类比推理、归纳推理、科学推理等概率推理、分析综合推理、抽象概括推理等。高中生要运用科学思维通过定性和定量的方式进行推理，保证能够形成结论、找出规律，从而分析自然现象，快速解决存在的问题。

（3）科学论证

在科学论证的过程中，应以科学知识为载体来分析所获得的相关数据，同时也可阐述自身想法，总结和他人论点的不同之处。高中生要有科学论证思维，使用论据描述问题，并进行解释和预测。

5.培养科学思维的策略

（1）营造良好的学习氛围，鼓励质疑与交流

和谐融洽的学习气氛是促使学生发现问题、提出问题的"催化剂"。教师应灵活运用多种教学方法，如发现法、讨论法等，通过师生之间以及生生之间的互动与合作，使学生在民主平等的课堂氛围中主动发现、积极探索，让思维在交流中相互碰撞，相互启发，使物理课堂迸发出智慧的火花。此外，教师应鼓励学生学会质疑、学会表达，以培养思考能力和批判精神。

（2）培养发散性思维，提高洞察能力与创新能力

发现并提出物理问题是一种富于创造性和挑战性的智力活动。爱因斯坦曾明确指出："提出一个问题往往比解决一个问题更重要。"思维主体不仅应具备扎实的物理基础，还要有一双善于发现问题的眼睛，需要具有敏锐的洞察力和创造性的想象。首先，教师应巧设问题情境，增强物理课堂的新颖性和趣味性，激发学生的认知冲突。其次，教师应有效设置课堂环节，促使学生掌握洞察性技巧，提高其洞察能力，其中主要包括意义识别、信息合并和问题类比。最后，在物理教学过程中，教师应合理选择教学策略，发散学生的思维，培养其创新能力。

（3）创设情境，培养学生的形象思维能力

在物理课堂中，教师需要创设情境，充分展示相关的物理现象，让学生不断地提出问题，经历归纳、分析、综合的思维过程。教师通过观察、实验创设情境，帮助学生实质性地感受情境，切实意识到所要研究的问题。如布置课前观察，安排课上演示实验和学生实验，借助多媒体设备展示难以在课堂上实际呈现的现象，给学生交流与表达的机会等。

（4）实施探究，培养学生的归纳、分析、综合的思维能力

认识现象间本质的、必然的联系，归纳、概括出物理规律。这是培养学生科学思维的关键。高中阶段主要通过实验来探究规律，实验中对于多因素的问题常应用控制变量法。在规律教学中，结合日常经验或生动的实验现象，加以分析、归纳，学生会理解得更透彻。在实验探究中学生可以获取大量的数据，需要经过处理得出结论，在这一过程中不仅了解了物理规律的发现过程，同时也发展了学生的科学思维。

（5）结合习题实践运用规律，培养学生的科学思维

引导学生及时将学习内容进行巩固、深化、活化，教师可以设计多种题型让学生进行训练，使学生理解物理规律，同时培养学生的科学思维。如教师利用一题多变培养学生的发散思维，更好地观察学生思维的盲点性；利用一题多解来增强学生思维的灵活性；等等。

6. 培养科学思维的必要性

（1）探索物理规律离不开科学思维

物理学规律，凝聚着科学家的智慧，闪耀着科学思维的光辉。从规律的形成过程来看，知识和思维是密不可分的。没有科学思维，就没有科学实践，就只能停留在感性认识阶段，只会积累一些经验事实，而得不出物理规律的结论。牛顿等科学家们离开了科学思维就不能建立完备的物理大厦。

（2）物理规律的教学过程也是科学思维的培养过程

科学思维的培养是物理规律教学的一个重要组成部分。物理规律是经过科学思维形成的，而科学思维又是在形成物理规律时的产物。物理规律和科学思维为我们的物理教学提供了丰富的思维训练素材。

（三）科学探究

1. 物理学科科学探究的两种主要类型

不同内容、方式和要求的科学探究活动大体可分为实验探究和理论探究两种类型。

（1）实验探究

学生在课堂开展实验探究是掌握物理知识的前提。实验探究包括七个过程，分别是提问、猜想和假设、规划和设计实验、实验和收集证据、分析和论证、评价、交流和协作。

高中物理教材中的实验探究内容有：

①探究匀变速直线运动的规律；

②探究自由落体运动的规律；

③探究弹力与弹簧形变的关系；

④探究合力的计算方法；

⑤探究加速度与力、质量的关系；

⑥探究作用力与反作用力的关系；

⑦探究功与物体速度变化的关系；

⑧用蜡块的运动研究运动的合成与分解；

⑨探究平抛运动的规律；

⑩探究静电感应现象；

⑪探究影响电荷间相互作用力的因素；

⑫探究影响平行板电容器电容大小的因素；

⑬探究导体的伏安特性曲线；

⑭验证机械能守恒定律；

⑮探究导体电阻与其影响因素的定量关系；

⑯探究路端电压随负载变化的规律；

⑰测定电池的电动势和内阻；

⑱探究影响通电导线受力的因素；

⑲探究平行通电直导线之间的相互作用；

⑳用洛伦兹力演示仪探究运动电子在磁场中的偏转；

㉑探究影响向心力大小的因素；

㉒观察电容器的充、放电现象；

㉓验证动量守恒定律；

㉔用单摆测量重力加速度的大小；

㉕探究影响感应电流方向的因素；

㉖探究变压器原、副线圈电压与匝数的关系；

㉗利用传感器制作简单的自动控制装置；

㉘用油膜法估测油酸分子的大小；

㉙探究等温情况下，一定质量气体压强与体积的关系；

㉚测量玻璃的折射率；

㉛用双缝干涉实验测量光的波长。

（2）理论探究

探究有多种可用的形式，虽然在物理课堂上中，大多数探究活动都需要实验的参与，但也有不少探究活动属于纯理论性的，这种探究活动跟数学课中的大多数探究活动相似，被称为理论探究。理论探究一般包括提出问题、猜想与假设、思考与讨论、推理与论证、检验与评估、应用与实践、交流与合作七个流程。理论探究在物理课程中具有重要的意义，应予以重视。

高中物理教材中的理论探究内容：

①从 $v\text{-}t$ 图像看加速度；

②探究匀变速直线运动的公式；

③从伽利略理想实验到牛顿第一定律；

④用牛顿定律解决问题；

⑤推导功的计算式；

⑥探究功率与速度的关系；

⑦探究重力势能的表达式；

⑧探究弹性势能的表达式；

⑨探究动能定理；

⑩探究机械能守恒定律；

⑪抛体运动规律的理论分析；

⑫探究向心加速度的表达式；

⑬"发现"万有引力定律；

⑭探究串、并联电路的特点；

⑮推导焦耳定律的表达式；

⑯探究导体电阻与导体长度、横截面积的关系；

⑰探究闭合电路欧姆定律；

⑱探究欧姆表的工作原理；

⑲推导计算安培力大小的公式；

⑳推导计算洛伦兹力大小的公式；

㉑探究带电粒子在匀强磁场中的运动规律；

㉒探究电场力做功的特点；

㉓探究电势差与电场强度的关系；

㉔探究带电粒子在电场中的运动规律。

2. 科学探究培养要点

（1）科学探究的起点是培养浓厚的探究兴趣

学生进行科学探究是培养浓厚探究兴趣的基础，但并不是全部的物理问题都会引起学生的注意，为了让学生产生探究的兴趣，就要调动学生探究的积极性，具体来说需要做到以下几点。第一，要保证问题情境创设的新颖性和有趣性，失去了趣味性的问题情境创设如无木之林、无源之水，无法让学生产生自主探索的欲望。当教师在讲解影响滑动摩擦力大小的因素时，要运用多媒体课件展示滑动摩擦力，同时也要为学生讲述有关案例。第二，为学生讲解身边熟悉的物理现象。

学生能更好地处理熟悉的问题，从而培养对小事的兴趣和发现问题的能力。当教师讲授大气压力时，可以让学生联系生活中的塑料衣钩，思考为什么它被压在墙面上？此种方式能够启发学生思维，并且也够让学生感受身边的案例。第三，探究课题要有着开放性和选择性。学生是有差异的探究问题的角度也存在差异。若是想要调动学生探究的欲望，则需要教师选择具有开放性的课题，让各小组的学生有着自由选择的权利，确保学生能够根据专属兴趣与专长选择符合自身要求的探究课题。

（2）优良的实验技能是科学探究的基础

物理学与自然科学是以实验为基础的，物理学中的定律和理论是人们在实验中总结得来的。物理课堂教学实施科学探究与实验有着直接联系，学生的假设和猜想也要借助实验验证，因此要突出科学探究中实验的地位，让学生能够养成优良的实验技能，具体可以从以下三方面出发。第一，引导学生掌握实验方法和技能。实验方法含有控制变量法、理想模型法，实验技能是使用仪器开展的操作技能，如常见的测量仪器、读数实验仪器、操作误差分析等。学生要掌握实验技能和方法，同时开展规范化探究，确保能够更快地开展探究。第二，科学探究中贯穿实验，实验是科学探究中存在的内容，渗透在科学探究的全过程中，因此需要让学生动手尝试，一边实验一边思考、讨论。在科学探究中，实验和尝试是前提，也是重要的内容。学生一旦有了新想法，就要快速地动手实验。第三，重视实验小组存在的不同。各小组开展实验探究，在科学探究中属于重要流程。在教学实践中容易出现的现象是面对相同的探究课题，一些实验小组快速能够完成探究，而一些实验小组迟迟未有新的进展。教师要怎样解决实验小组间存在的不同？要先构建实验小组，使各小组间的水平相同，小组内的成员优势互补，明确小组成员的职责，使成员间学会交流分享。在学生开展小组实验时，教师也要观察小组的开展情况，保证找到实验中出现的问题，多加指导落后的小组，鼓励小组间进行交流与合作。

（3）应用教育技术，提升科学探究的教学效果

合理使用教育技术来优化物理科学探究的课程，这代表着教育技术不只是技术手段，也是变革学习的一种方式。教育技术在促使学生自主学习、主动探究方面有着优势，让学生能够从传统的接受学习变成主动学习，有利于结合社会信息和书本知识，能够提升教学效果。

（4）养成探究习惯是科学探究的核心内容

科学探究中，教师要让学生养成探究的习惯，在探究中学生需要进行合作交流，根据规则进行讨论，懂得表述自身的想法，正式审视自己，从而获得正确的

认知。同时学生也要学会接纳自己，增强自信心，积极面对失败，独立思考，养成自主研究的习惯。学习习惯的养成不是一蹴而就的，需要长久地培养，因此养成良好的探究习惯是研究的目标，同时渗透在教学中。在科学探究中需要考虑学生的需求，不能操之过急，要保证循序渐进。为了保证探究活动的深入性，要在各学习时期突出重点，开展针对性训练。

（5）培养情绪能力是科学探究教学的关注点

由研究可知，情绪、能力影响着人一生，智力和机会决定成功的领域，情感能力使人们能够正确判断自己。我们要管理自己的情绪，激励自己，理解他人的情绪，更好地处理人际关系。情绪能力对人们在处理事务中的心态有着影响。积极的心态能够加速人们走向成功，但是，若问题难度超出学生的解决能力，学生的情绪易变得消极，进而导致探究失败，使学生错误地评估自己，甚至增加受挫感。若是问题过于简单，则不值得学生探究。教师要关注学生情绪的变化，及时调整学生的情绪，提升学生管理情绪的能力，让学生能够有发泄情绪的机会。在探究环节，教师要时刻观察学生的情绪变化，让学生有意识地控制情绪，从而推动科学探究的顺利进行。

3. 培养科学探究的有效方式

科学探究能够让学生积极地学习物理知识，形成解决物理问题和科学探究的能力。物理课程需要改变重视传授知识的教学方式，让学生在科学探究中学习，在科学探究中培养探索精神和实践能力。科学探究能够让学生经历探究后学习科学探究方式，发展科学探究能力，形成探索真理的态度，因此学生学习物理要使用科学方法，养成科学探究能力。教师在物理课堂上培养学生的科学探究能力，对于学生学习知识、发展能力均有着重要的作用。在物理课堂中实施科学探究，能够让学生主动获得物理知识，同时也是解决物理问题的实践活动之一，包含着猜想、假设、制订计划、收集实验证据等相关要素，因此在物理探究中要根据学生的能力、年龄特征等培养科学探究能力。

（1）调动探究科学的欲望

在探究教学模式中，学生是课堂学习和探究的主体，教师要挖掘物理课本中的有利因素，使用诱导启发，让学生参与探究活动，从而获得概念规律。学生在此种形式中可以学习知识，掌握获取知识的方式，教师应让学生发展主体意识、科学态度、创新精神。在专题研习中，问题和疑问是学习的出发点。物理探究教学需要为学生创设物理问题情境，使学生能够在物理问题情境中发现和提出问题，围绕科学问题开展活动，教师要优化学生的问题，筛选出富有成效的探究活动问题。根据教师的提问，学生可以参与探究学习，并且可以提出多种问题。

（2）引导学生提出有价值的问题

提出问题的重要性远远高于解决问题，学生要从新的角度发现新的可能，要保证有着创造力和想象力。因此在课堂上，教师要引导学生通过观察自然现象寻找有价值的问题，同时进一步加工这些问题，使其具有价值性。在科学探究中，教师在教学中要让学生勇于质疑，形成开放性课堂，从而提升学生探究问题的能力。

（3）加强评价交流，为学生提供展示机会

获取实验结论，不代表着完成科学探究，科学探究中包含了评估结果、解释和实验反思。在创造心理学理论中表明，每个人都拥有不同的思想，你有你的思想，我有我的思想，两个人交流便出现两种思想，这是扩散思想的一种体现方式。不仅包含了各自的思想，同时也可组合改变固有的思想，组合成新思想。联想与现实相结合，能够生成有价值的观念，它被称作创造。要看重此过程的交流评估，让学生在过程中反思和评价，比如实施组内互评或者是师生互评。

人们在心灵深处都有着需求，也被称作希望，大家希望自己能够成为探索者或者是发现者，尤其是在青少年的世界此种需求更为强烈。学生发现问题是由情境变化刺激得来的，因此要重视探究实验，提升学生的科学素养，实现人本化教育。培养学生的科学探究能力，能够让学生更快地发现问题、研究问题、解决问题，有利于学生实现个性化发展，让学生能够形成合作精神、创新精神，使学生形成科学的世界观。

4.培养科学探究的策略

（1）从学生的兴趣出发，培养观察力

兴趣是学生主动学习的动力。学生对观察有兴趣，才能够提升观察能力，因此要从培养学生的观察兴趣出发，让学生能够正确认识观察的目的和重要性。培养学生观察物理现象的兴趣，教师要发挥出指导作用。若是教师想让学生养成观察力，则应和实验目的结合，找到观察重点、难点，按照观察的方法和特征使学生形成观察能力。教师也可结合生活培养学生的观察能力，保证知识能够从生活中来，又被应用在生活中。教师在让学生有所收获时，也要让学生明确观察动机，这是培养学生观察能力的起点。在培养学生观察能力的过程中，要遵循循序渐进的原则，同时也要重视发挥教师的桥梁作用，学生在教师的引导下循序渐进地开展观察，从而提升观察能力。

（2）以学生为中心，培养其动手操作能力

教师要让学生积极地动手操作，从而调动学生的主观能动性，培养动手操作能力。教师在演示实验时，可让部分学生共同参与实验操作，或者将演示实验变成分组实验。教师要为学生提供更多的实验机会，提升学生的动手操作能力。在培养学生的操作技能时，小实验有着重要的作用，是其他方式不可取代的。教师也要为学生提供动手操作的机会，成立兴趣小组，让学生动手操作。教师要通过实验，让学生认识到实验的作用，加强指导，布置课外实验，提升学生的动手操作能力，为学生创造更多动手的机会。

（3）在实践中培养实验能力

由研究可知，加强实验教学，能够培养学生的课外实验能力。比如教师要在课堂教学的基础上，开展课外延伸实验，延伸课题，加强课外实验和学科的联系，鼓励学生制作课外小实验，让学生通过生活中的物品开展实验。教师在教学中要教授学生研究方法，学生只有掌握研究方法，才能够有计划地参与实验，提升实验能力，循序渐进地形成实验能力。教师也要为学生创设环境，使学生能够手脑共用，在理解物理知识的基础上提升实验能力。

（四）科学态度与责任

1.科学态度的含义

科学态度是一种认识论态度，是人们从内心尊重观念、观点、理论、学术，不可轻易否定，也不可轻易认定的一种态度。同时将科学看成学问，认为科学有着局限性和相对性，承认科学研究也有着局限性。科学态度在知识生产中体现，同时也在知识消费流程中体现。科学态度含有批判、质疑等精神。

2.责任的含义

责任是一种职责和任务。在物理学科的教育中，要加大科学责任教育力度，使学生能够形成保护环境和家园的意识。科学探究是物理学科核心素养的组成部分，同时也是学习方式与科学研究的体现方式，能够让学生形成物理观念，发散物理思维，形成科学态度与责任。

3.培养科学态度和责任

（1）活跃课堂氛围，激发好奇心理

科学态度与责任的培养是核心素养的最终目标，教师需要借助物理活动使学生认识到物理学科的科学性和人文性，为学生奠定良好的物理基础。但在目前的高中物理教学中存在教学氛围枯燥、缺乏创新思维、教学模式固定等问题，这主要是因为教师对新课改的要求不理解，没有考虑到学生的物理兴趣和爱好，不利于学生核心素养的培养。因此，教师要营造出活跃的课堂氛围，激发学生对物理的好奇心。例如在教学"时间和位移"时，教师可以利用Flash动画为学生解释时间和时刻的概念，使学生清楚地了解它们之间的区别和联系。在位移路程的教学中，利用交通路线解释，以此活跃物理课堂的氛围，在有趣的案例中激发学生的物理好奇心，使学生主动投入科学探究中，促进学生科学态度与责任的培养。

（2）组织合作探究，探索科学本质

高中物理教学需要为学生解释什么是物理，物理有什么特点，调动学生主动探究物理知识的兴趣，使学生真正理解科学本质，才能形成良好的核心素养。合作探究是新课改倡导的教学方法，在解决物理问题的过程中，可以先引导学生独立思考，在形成初步认识后再利用合作探究启发学生思维，纠正学生错误的物理认知，同时在合作探究中培养学生的协作、分享意识和认真倾听的习惯，从而认识到物理知识的本质。例如在教学"质点、参考系和坐标系"时，教师可以将物理知识与科学态度和责任联系在一起，在合作探究中突出科学本质。首先，教师可以播放反映物体运动的视频，如足球在球场飞滚、雄鹰在空中翱翔等，鼓励学生与组员总结机械运动的概念，举例说明机械运动，以此调动学生的物理兴趣，思考什么是位置变化。接着提问学生什么是质点、物体可以看成质点的条件是什么，引发学生对物理知识的合作探究，解决本节课的基础问题。之后教师可以引用全球卫星定位系统阐述质点的位置，以此解释质点的物理本质。

（3）鼓励实验分析，培养科学态度和责任

在培养学生科学态度和责任的过程中，教师要帮助学生将理论知识转化成实践能力，构建出综合性的教学模式，使学生清楚地理解自然现象和物理问题，从而形成正确的科学态度。物理实验的过程是严谨的科学过程，想要培养学生的科学态度和责任，需要明确实验教学过程，引导学生主动操作、观察、记录实验，积极对实验现象和结果进行分析。

（4）创设生活情境，增强社会责任感

为了让学生认识到科学、技术、社会、环境间的关系，教师可以采用生活化的教学方式，提供丰富的物理素材，使学生主动观察生活中的物理现象，提升高中物理的德育效果，增强学生的物理社会责任感。

二、物理学科的课程目标

高中课程在义务教育基础上能够加速学生养成物理学科核心素养，学生学习高中物理课程需要达到的目标有以下几点。

（一）形成多种观念

多种观念包含物质观念、能量观念和作用观念。学生形成多种观念，有利于分析自然现象，解决存在的问题。

（二）拥有建构模型的能力

合理运用科学思维从定性和定量方面分别推理问题，并且按照规律总结结论。使用科学证据判断使用的内容，描述预测研究的问题，养成批判性思维意识，勇于质疑证据，从多个角度思考问题，从而创新科技。

（三）拥有探究科学的意识

高中物理教师应摆脱传统的教育观念，注重学生综合能力的培养，特别是要培养学生拥有探究科学的意识，拓宽学生的科学知识视野，增强学生对科学奥秘的探究意识，激发学生对科学的兴趣，同时也要告知学生要学会观察生活、善于思考、勤于动手，感受探究科学的乐趣。此外，教学不仅要向学生传播科学知识，更要培养科学精神，同时激励科学创新，为学生插上热爱科学、热爱物理学科的翅膀。

（四）正确看待科学本质

要让学生对学习物理知识有着好奇心理和求知欲望，和他人进行交流合作。在和他人合作的过程中要尊重他人的见解，也可发表自身的看法，不被权威影响。关注国内外科技研究情况和发展情况，探究应用的物理成果，明确科学技术和社会环境发展存在的联系，形成保护环境、节约资源的持续性观念。

第二节　物理教学目标的原则及设计

课程改革强调将"物理学科核心素养"作为培养目标，细化到课堂教学中就要求教学目标的制定遵循以下原则。

一、物理教学目标的原则

（一）多元化原则

高中物理教学要以提高学生的核心素养为目标，还要帮助学生形成科学的物理态度和正确的世界观。所以，高中物理教学目标中既要融入"物理观念"，又要融入帮助学生有效掌握高中物理知识与方法的内容，同时，培养"科学思维"和"科学探究"能力也是高中物理教学的目标，通过多元化的教学手段，培养学生的物理思维能力。

（二）适应性原则

开展高中物理教学的前提条件之一是必须符合高中学生的心理与生理发展特点，通过初中阶段的物理学习，高中生已经初具物理思考能力，所以，高中物理教学目标既要以课程标准为基础，又要符合学生的实际特征。如果脱离了适应性原则，那么高中生对物理学科会产生排斥心理，影响教学质量。

（三）针对性原则

一直以来，针对性不强是影响我国高中物理教学的一个重要因素，由于多种原因，我国部分高中在开展物理教学活动时存在只注重理论、忽略过程的问题，有的教师为了赶教学进度，对于物理实验能省则省，导致学生对于知识的理解只停留在教师讲解的层面，而未进行深入探究。失去针对性的物理教学使得高中物理失去了应有的魅力，学生只会觉得物理课是枯燥而无趣的。

（四）开放性原则

高中物理教师要树立正确的教学思想和观念，既要满足全体学生的基本需求，也要根据实际情况满足部分学生的个性化需求，体现出开放性的原则，使得学生在受到尊重后对物理学科产生浓厚的兴趣，体现出教育的本质，体现出帮助所有学生得到更好发展的理念，实现学生对知识的掌握和综合素质的提高。

二、物理教学目标的设计

以核心素养为导向，物理教学目标设计通常分为三部分内容，分别是分析、设计、评价。分析过程主要是分析学习需求，比如分析课程标准、教材、学习内容、学生特征等，通过分析能够形成核心概念。设计过程指的是设计学习目标、教学模式、教学方法、教学策略、教学流程、教学手段、教学技术等。评价过程包含形成性评价和终结性评价。

（一）分析

1.课程标准、教材、学习内容分析

课程标准是教学实施的纲领性文件，教师在进行教学设计时应认真研读课程标准，包括课程标准解读，深入领会课程标准的理念和要求。要深入研究教材，领会教材的编写意图，基于教材开发教材。学习内容分析是教师深化对该课程所涉及的物理知识及其建构过程的理解，挖掘该课程对于学生发展物理学科核心素养的教育价值，要将该课程学习内容作为一个整体，放在物理学知识体系和科技、

社会应用的大框架中，从学生发展的角度分析其教学价值，形成适合学生学习的核心概念，便于学生把握物理本质。

2.学生特征分析

学生是学习活动的主体，教师需要根据学生的特征开展教学工作，以此提高教学效率，有效促进学生的学习。所以，对学生特征进行分析显得十分重要。学生在学习新知识时，需要制订一个学习计划来完成学习，适当地安排时间和资源，找到适合自己的学习方法。学生的学习方法与探究过程均会影响到后续学习，因此教学内容和教学方式直接决定着学生学习的新内容。

（二）设计

在教学目标设计中，设计环节是重要的核心内容，比如设计学习目标，设计教学模式、策略和方法，设计教学技术和手段，设计教学流程。

1.学习目标的设计

学习目标要按照课程标准、知识内容、教材、学情等来制定，包含了科学思维、探究、态度、物理观念四方面内容。需要应用清晰且规范的行为动词进行概述，比如常见的学会理解、指导等，在此需要注意的有学生是目标主语，因此需要尽量少用有关类似表述，比如"通过……培养学生……"，可以使用"学生观察……""学生理解……""学生体验……""学生探究……"。

2.教学模式、策略和方法的设计

在选择教学模式、策略和方法时，首先要根据学习目标、学生实际和教学条件确定教学模式。选择教学策略时要根据学生的特征，从学生的初始状态入手，分析学生要达到目标状态可能经历的典型路径，深入地了解学生的思维，分析通过哪些学习活动（如观察现象、分类、动手实验、解释、建模等）有助于学生对概念的理解。要根据学生的情况选择方法，如果学生已有充分的直接经验，可以采用讨论法，引导学生通过相互质疑，澄清模糊概念；如果学生在思维方法上存在困难，可以采用讲授法，教师使用恰当的教学语言做出示范，进行解释说明，使得学生可以理解和接受，从而逐步发展相应的能力。

3.教学技术和手段的设计

为了达成学习目标，需要在学习活动中采取一定的教学手段，包括教学媒体、教学技术、教学资源的开发等。在学生学习物理知识的过程中，数字媒体是重要的资源，物理教师在课堂上要合理使用数字媒体开展教学，从而研发优质的教学产品，延伸学生学习物理的途径，加速改革物理教学流程。

4. 教学流程的设计

教学设计的环节包括导入情境、探究问题、总结应用、创新迁移。在设计各环节时要确保能够遵循课堂教学的逻辑，符合学生的认知与理解。在物理教学中，需要让学生发挥想象力和思考力进行讨论，鼓励学生提出问题，而不是让学生被动地回答问题。教师需要先列举相关实例，同时让学生按照教师列举的实例再次列举实例，让学生能够参与体验，完成学术性的任务，通过发挥创造性解决实际问题。因此，为了能够开展物理学科核心素养导向的物理教学，教师在教学中可应用实验演示型、探究型、问题驱动型、任务驱动型等不同的教学方式。对于物理教学的内容，不但要关注物理内容的科学成分，更应关注和挖掘蕴含在物理知识中的教育价值。基于新课程标准的理念和教学要求，核心素养导向的物理教学设计，应突出以学生为主，以物理知识为载体，深入挖掘物理知识中所蕴含的物理学科核心素养，通过问题引领，使学生得到全面发展。因此在教学设计中应重点关注以情境引问题、以问题导探究、以探究促结论、以结论促应用、以应用促创新。借鉴郭玉英教授的学习进阶理论，结合物理教学的特点，物理学科核心素养导向的教学路径如图 2-1 所示。

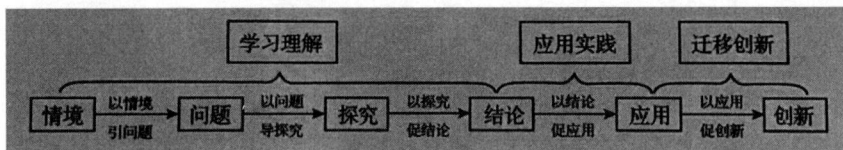

图 2-1　核心素养导向的物理教学路径

5. 教学反思

教师需要在教学过程中不断进行反思，每节课后根据反馈信息修改教学设计中的各个部分，这是对课堂预设和结果是否具有一致性的检验，也是教师成长的关键环节。上完课后，教师要及时总结和反思，基于课堂观察和评价反馈，对教学内容和过程进行修改和完善，使其更有效地促进学生的发展。

反思可以重点关注情境的设置是否符合学生的认知规律，活动的设计与实施情况是否顺利，学习目标是否达到，教学方法、教学策略和教学手段的选择和应用是否有效，学生是否提出了问题，探究过程是否深入，等等。要从教学的全过程进行反思，并提出今后教学的改进建议。

（三）评价

1. 形成性评价

形成性评价主要在于不断反馈学生学习成功或失败的信息。它关注学习过程，重视非预期性结果，特别注重强化学生学习的成功之处，显示学生学习过程中需要纠正的具体的学习错误。它有助于教师了解教学得失、改进教学方法。通过教学过程中的各种评价，教师能及时得到有关教学情况的反馈信息。当教学比较成功时，教师就可以设法巩固已有的成绩；当教学活动与预期目的有较大差距时，教师就要找出问题所在，及时改进自己的教学。

2. 终结性评价

终结性评价是对教学目标达到程度的判断，同时也提供教学目标适当性与教学策略有效性的信息。它可以采用期末考试或结业考试等定量评价的方式，对课程、学程的有效性进行评价。

第三章　物理教学过程与教学设计

众所周知，教育是一种融入教师创造性的活动，教师的教育教学活动具有教育情境的不确定性、教育对象的差异性与复杂性、教育决策的无法预测性等特点。所以，只有将课程标准的目标、理念和要求、教学内容和教学方法转化为适合自身特点的教学设计，教师才能高效地完成课程目标。

第一节　物理教学过程

一、物理教学过程的含义

教学过程指的是教师指导学生通过学习活动，提升素质的过程，其中教学过程、特征、概念均是研究教学论的主要内容，只有学生正确地学习理解教学过程的有关理论知识，才能够遵守教学原则，教师才能够为学生选择教学方法。

由教学理论和实践内容可知，教师要对高中物理教学过程有着正确的理解，才能把握高中物理教学规律，更好地开展教学活动。要从多个观点和角度出发理解教学过程。

第一，教学过程的本质。教学过程是认知过程，它和人类的认知过程有着统一性，其中统一性体现在学生认识活动、认识过程、认识目的等内容上。从某种意义而言，教学过程被人类认知过程的规律所约束，高中物理的基础是实验和观察，因此要保证具有严谨的逻辑体系和理论内容。高中物理教学过程按照教学目标、学生发展的要求，通过教师的指导，应用多种学习方式，使学生认识物理世界，学习物理知识，培养有关的物理技能，推动学生发展，使学生拥有高尚的道德品质。

第二，教学过程属于多种互动的过程。教学过程是师生共同作用、掌握知识、寻求发展的过程。在教和学的关系上要突出学的地位，教的存在是为了推动学习。

高中生有着和社会交流的意愿，希望能加强交际能力，这也代表着学生更加憧憬合作学习。合作学习以探究课堂教学、人际关系为出发点，以设计目标为引导，加强师生间的合作。小组活动把团体成绩看成评价标准，将参照评价看成基本方式，从而提升学生的学业成绩，为学生营造良好的社会气氛，让学生掌握不同的技能，增强民主意识。

第三，教学过程能够推动学生发展。由当代教学理论可知，在教学过程中掌握知识与发展能力是辩证统一的关系，掌握知识是发展能力的前提，发展能力是掌握知识的加速剂。教学是为了让学生能够实现全面发展，要保证学生全身心投入学习中，才能收获更好的教学效果。

二、物理教学过程的设计原则

教学过程是统一学生行为和教师教学行为的过程，在设计物理教学过程时，要做到以下几点。

（一）突出物理学科的核心素养，明确立德树人原则

重视个性化发展是世界教育发展的浪潮，课程标准倡导教育实现人的全面发展，同时也面向学生，使学生能够实现全面化发展。教学是推动人发展的最佳方式。在教学中需要将学生物理学科核心素养的发展看成教学工作的出发点，并且明确立德树人的原则。

（二）突出学生主动学习性

当前要树立以学生为中心的理念，明确学生在教学活动中的地位，将学生作为中心贯穿在教学中。学习作为学生认知活动的一种过程，也是加工信息的过程，此种加工无须任何人取替。教学并不是简单地将教学内容输送到学生手中，而是要让学生主动学习，使学生通过开展学习活动完成学习目标。

（三）强化物理教学，突出物理概念

物理概念不只是物理基础知识的组成内容，同时也是构成物理规律、组建物理公式的前提，只有突出物理概念才能顺利开展教学。物理概念建立在物理现象和过程的基础上，设计教学可使用观察、思考、感知活动等实践性活动，使学生能够探究物理问题，通过加工整理，理解物理概念。

（四）重视探究物理规律，突出揭示规律的原则

物理规律在自然界中是物理客体的属性，并且也体现出事物变化趋势和发展情况。比较物理概念和规律可知，人们对于物理课程更高程度的认知也是物理概

念形成的最后结果。在构建物理规律后，要掌握物理规律，从而更好地理解物理概念，带领学生探究事物的属性，从而养成正确的物理观念。从物理学结构角度可知，构成物理学的基础单元是物理规律和物理概念。从形成物理概念、培养分析能力角度而言，掌握物理规律和形成物理概念是物理教学的主要环节。

（五）重视科学探究原则

科学探究是学习物理的方式，同时也是物理课程的主要内容。学生在学习过程中，能感受到科学探究的乐趣，正确理解科学探究的意义，明确科学探究的精神，使用不同的科学探究方式，重视物理现象，从而进一步掌握物理知识。

1. 提出问题

提出问题是科学探究的前提，如果不能提出问题，科学探究便无从谈起。要求学生能发现与物理学有关的问题，对解决问题的方式和答案提出合理的猜测和假设，并从物理学的角度较明确地表达问题，认识到发现问题和提出问题的意义。所以教师在教学过程中要紧密结合知识和技能的要求，从学生的物理学习和生活实践中，选取他们感兴趣的内容进行探究。

2. 获取证据

证据是科学探究获得结论的重要的依据，包括实验探究方案、如实记录的实验数据、观察的现象、参考文献等。要求学生根据已有的物理知识和实践经验，结合现有实验条件，设计实验探究方案，通过观察、调查、实验等多种途径获取证据。学生在课堂内外进行的探究活动是多样化的，可以是观察现象、进行实验、收集数据，也可以从多种信息源（如图书、期刊、学校的数据库和互联网）上收集和获取信息。在科学探究的过程中，教师要切实做好指导工作，引导学生不断改进探究的方法，如在学生进行观察和实验时，要让学生多设计几种可靠易行的实验方案，鼓励学生如实记录实验数据。

3. 实施解释

解释是对收集到的证据进行分析、讨论，得出事实证据与猜想假设之间的关系，通过比较、分类、归纳、概括等方法得到最后的结论。要求学生使用各种方法和手段，对信息、数据等证据进行分析处理，应用科学的思维和方法，通过分析和归纳，找出规律，尝试根据实验现象和数据得出结论，并对实验结果进行解释和描述。在这个环节，教师要引导学生整理收集各种信息、实验数据和证据，逐步基于证据得出合理的结论。

第二节　物理教学设计

高中物理教学设计的核心理念是促进学生物理学科核心素养的全面发展。具体到物理教学中每一个课题的教学设计，都需要回答有关学生发展的一系列问题，即该课题包括哪些内容？这些内容对于促进学生发展具有什么价值？学生学习该课题之前的初始状态是什么？如何确定学生的初始状态？学生通过该课题的学习可以在哪些方面得到发展？发展的目标状态如何确定？从初始状态到目标状态需要经历哪些过程？如何设计教学活动支撑这些过程？如何知道目标状态是否达成？寻找上述问题的答案的过程就是教学设计的过程。

教师要正确看待物理教学课程，熟练使用物理教学方法开展有效的教学工作，从而提升教学质量。物理教学设计是为了能够优化教学过程，使用教学思想和教学理论指导，结合学生学习和心理系统分析物理教学存在的问题，明确物理教学目标并设计教学策略，制订教学计划，评价教学方案的结果，修改教学方案的过程。

一、物理教学设计的主要环节

通常情况下教学设计环节包含了教学需求、教学目标、教学策略和教学评价，为了能够总结性概括教学设计的环节，需要把教学设计环节间的关系，使用流程的方式来阐述，如图 3-1 所示。

图 3-1　物理教学设计的环节

在教学设计中，前期分析是基础。教学设计过程均要在教学对象、学习需求、教学内容等方面分析教学目标，在前期分析的基础上明确制定学生的学习任务，帮助学生实现要达到的学习目标，此种教学目标是从教学过程出发的。为了实现教学目标，需要对选择的学习内容和方法进行设计，有利于实现学习目标的策略，从而更好地选择学习活动需要的教学方式。

二、物理教学设计的内容

（一）任务分析

分析教学任务，需要分析物理学知识中学习内容的重要性，同时也要分析在学生发展和实现学校培养目标的基础上，学习内容的作用，保证能够了解学生所要学习的知识和态度，从而分析学习的范围以及学习内容中所包含的知识点、关系，为安排教学程序提供保障。

（二）对象分析

教学设计要把学生作为核心，让学生能够掌握知识和技能，从而更好地学习新知识，保证教学成功。因此在教学设计中要先分析教学对象，只有对教学对象进行分析，才能更好地使学生学习新知识，明确学生的学习态度，了解学生的认知特征。

（三）目标设计

在分析教学内容和任务的基础上，需要编写课时教学目标，在教学目标中，需要明确学生学习的结果，同时使用明确的术语进行表达。开展教学活动前要告知学生教学目标，师生双方只有明确教学目标，才能够心中有数。完整化和具体化的物理教学目标含有行为动词、行为对象、行为条件等内容。

（四）策略设计

物理教学策略指的是在明确物理教学目标后，选择物理教学活动、教学方法和教学组织方式，同时要计划教学时间，保证教学方案更加具有意义。设计物理教学策略在物理教学设计中属于重要的流程，包括设计教学活动、选择教学组织形式等内容。

（五）教学媒体设计

在设计教学媒体时要满足以下要求：

一是满足教学目标每个单元、每个课题的教学要求，为达到不同的教学目标需要使用不同的媒体去传输教学信息。

二是依据教学内容，各门学科的性质不同，运用的教学媒体会有所区别。同一学科内各章节内容不同对教学媒体的要求也不同，进行教学设计时就应该分别对待。

三是根据教学对象，不同年龄阶段的学生对事物的接受能力不一样，因此选用教学媒体又必须顾及他们的年龄特征。视频、网络等媒体更适合高中阶段的学生。

（六）教学评价设计

物理教学评价设计能够将物理教师教学和学生的学习问题更好地解决，它是按照指标体系使用多种方式收集信息，从而判断物理教学活动效果、教师教学效果与学生学习效果的过程。物理教学评价要先明确被评价的对象，使用不同的方式收集物理教学评价应用的资料，同时运用分析、归纳、综合的方式整理资料，形成物理教学评价报告，便于判断物理教学设计，设计者也要根据反馈的信息修正物理教学设计的内容。

三、物理教学设计的过程

对不同类型的知识设计对应的物理教学流程，但设计的总体思路需要统一，要明确目标，把握内容，权衡利弊。从多方面入手，比如教什么，为什么教，怎样教，从而形成具有层次的教学体系，因此教学步骤有：

（一）明确单元教学目标

教师在设计物理教学内容时，需要了解本课程的教学目标，按照教学目标的要求与教学内容制定单元教学目标。

（二）明确单元教学内容

这一步工作是把握教学内容的分类，明确这些内容是由哪些要素构成的、要素和要素之间的关系是如何构建的，从而把握教学内容和它的层次结构以及为了达到目标所需掌握的技能。

（三）分析学生学情

从学生实际情况出发，根据教学任务，分析学生学习新知识所必须具备的原有知识基础和能力以及学生学习新知识所需要的知识准备，确定教学的切入点。

（四）分析问题

根据教学任务和学生学习的情况，确定单元教学的重点和难点，探究单元教学要求，确定单元的课时分配计划。

（五）明确课时教学目标

通过分析制定详细的课时教学目标，由于教师必须根据课时教学目标选择和组织教学内容、设计教学策略和方法，并根据教学目标来评价教学效果，因此课时教学目标必须是确切而具体的。

（六）选择教学策略

教学策略的选择要立足于学生的实际，符合学生的认知规律，注重理论与实践的结合，充分发挥学生的主动性和创造性。

（七）选择教学媒体和方法

教学媒体和方法的选择要充分利用学校的现有条件和周边的有利环境，注意发挥教师自身的特长，注重教学方法的优化组合。

（八）教学评价

对所制定的教学方案的可行性以及实施后的效果，做出客观的、实事求是的价值判断。通过教学评价，知道可能获得的教学效果，使其更为完善、更具有实施价值。

第四章 高中物理概念教学设计与案例分析

物理概念是高中物理中的重要组成部分，也是学生探究物理规律、理解物理公式的基础和前提。新课程改革提出，在教学过程中，教师不仅要教授学生知识，还要培养学生的核心素养。而在高中物理教学过程当中，物理的核心素养最重要的内容就是让学生能对物理形成最基本的概念认知，通过对学生进行物理核心素养的培育，能够有效地提升高中物理的教学效率，帮助学生更好地学习和成长。所以教师要选择有效的策略和方法，来帮助学生形成物理概念，让学生能够更加深刻地理解物理概念，理解物理的内涵，进而让学生对高中物理知识有基本的框架认识。由于高中物理知识内容丰富，所以在进行高中物理概念教学时，教师需要根据不同的概念类型提出不同的教学方法和策略，并且针对学生的特点和学习能力进行教学方法的确定。

第一节 高中物理概念概述

一、物理概念

概念指的是人类认知的过程，由感性认知变成理性认知的过程，彰显出感知事物所含有的特点，同时进行概括和总结，这是表达自我认知的一种方式，也是反映事物专有属性的一种思维方式。物理概念所体现的是物理现象、物理特性与本质属性，是人们脱离复杂的、具体的物理现象和过程，进入概括的、理性的、抽象的物理世界，从而使研究、建立物理规律和理论体系成为可能。如"力"的概念是人们从"推""提""拉"等具体的"力"现象中抽象出来的，用"力"这个概念概括所有的力现象，从而使进一步研究力的规律成为可能。同理"机械运动"概念也是由生活世界的具体"运动现象"（如汽车在马路上行驶、小鸟在天上飞等）中抽象出来的，使研究物体运动规律成为可能。因此在概念教学中，要创设多个包含该概念的物理现象、物理过程，让学生寻找它们的共同特性和本质属性，经过抽象概括等思维活动，形成概念，引导学生经历概念的建构过程。

二、物理概念与核心素养

（一）物理概念与物理观念

物理观念是从物理学角度看待物质、运动、能量和相关作用等有关认识，让人们能够正确看待和了解物质世界。学生通过学习物理概念和规律等物理知识，建立自己的物理观念，用物理观念看待自然和生活中的现象，从物理学视角解释自然现象和解决实际问题。一些学生可能会忘记相关物理规律与概念，但是对应的物理观念始终能在学生头脑中存在，甚至会影响到学生看待世界、解决问题的方法。

物理观念要从物理学角度看待物质、运动、能量和相关作用等有关认识，在学习物理规律和概念后，能够将其提炼和升华，确保形成物理观念。那么有关物质、运动与相互作用、能量等的物理概念的教学，其教学目标就要提升至物理观念的层面，同时要深入研究相应的物理概念所支撑的物理观点，然后概括提升构成体系，即形成了物理观念。例如要形成能量观，需要学习与之相对应的多个物理概念和规律。能量无法被直接观察到，而且具有多种形式，那么功、动能、势能、内能、光能等概念支撑着能量具有多种形式且通过做功能量可以转移或转化；能量守恒定律和热力学第二定律支撑着能量的变化，但其变化具有方向性，不是随意的。能量基本上贯穿了整个物理知识结构，把物理知识相互关联、相互支撑，才能形成能量认知体系，形成能量观的内在结构。

（二）物理概念与科学思维、科学探究

物理概念作为一种结合性产物，包含了观察、实验、科学思维，是对物理现象的抽象化表达，也是思维活动的基础单位。教育学家杜威、赞可夫、苏霍姆林斯基均阐述了培养思维的相关内容。教育的关键是培养学生的思维，特别是科学思维。科学思维要正确认识内在规律、客观事物、相互关系，同时也包含着不同的认知方式，如综合、分析、抽象、比较、推理等。

学生通过建构物理概念的学科活动习得科学方法和科学思维，培养具有严谨、质疑、批判、创新的科学思维品质。如质点、理想气体、点电荷等物理模型的构建，通过抓住主要因素、忽略次要因素，学会用理想的方法进行科学抽象。又如速度、电阻、电场强度、电势等定义式的得出，通过概括两物理量的比值能反映某一物理事物或现象的本质属性，学会比值定义法这类抽象方法。

教学设计要通过感知活动、观察实验、科学抽象、归纳总结、理解应用等一系列实践活动，使学生体验构建重要概念、探索物理规律的全过程，培养学生的科学思维和探究能力。经过认知加工、思维安排，从而突破对物理概念的理解。在物理概念教学中，教师应善于让学生积极参与概念的形成和表达过程，培养学生的逻辑思维能力，同时结合习题形式巩固和评价概念的理解。

【案例 4.1】新教材粤教版必修一第三章"相互作用"章后练习第 2 题

下列关于弹力的说法中，正确的是（　　　　）。

A. 两块相同的砖并排挨放在同一水平面上，它们之间有弹力作用

B. 两块相同的砖并排挨放在同一光滑水平面上，一起做匀速运动时，它们之间无弹力作用

C. 两块相同的砖并排挨放在同一水平面上，一起做匀速运动时，它们之间一定有弹力作用

D. 两块相同的砖并排挨放在同一光滑斜面上，受推力作用一同沿斜面向上匀速运动时，它们之间一定有弹力作用

【点评】

这道题除了主要评价弹力产生条件的理解水平外，还对学生科学思维能力有一定的要求。对比分析能力的要求，选项中的光滑水平面和水平面、光滑水平面和光滑斜面、有无外力的匀速运动，分析这些情境下两物体是否有挤压；推理能力的要求，在水平面和光滑斜面两物体做匀速运动，运用平衡条件和假设法，对其受力情况进行分析，推理出两物体是否有挤压，要求学生对不同情境下接触面是否有形变进行推理分析，总结得出答案。

（三）物理概念与科学态度的责任

从培养学生学科素养角度看，无论是从物理史体会科学家建立概念的过程，还是学生重新建构概念、理解应用物理概念的过程，都应体现对科学本质的正确认识、端正科学态度、承担社会责任。

许多物理概念的建立需要艰辛的探索，更需要百折不挠的坚持精神。例如法拉第发现电磁感应现象和揭示其规律的过程，法拉第做了近 10 年的"磁生电"实验，在工作日记中写下大量毫无结果的失败记录，这些日记正是法拉第百折不回、坚持奋斗的见证。关于光的本性的研究认识，在人类社会发展过程中经历了

千年之久，从一些现象和简单规律的描述到以牛顿为代表的微粒说，再到以惠更斯为代表的波动理论；从光的电磁说到光电效应现象的出现，再到光的波粒二象性，人们在探寻光的本质的道路上经历了理论一次又一次被否定和发展的过程。

三、高中物理概念的主要特点

概念是对客观事物属性的一种抽象反映，物理概念和人们在生活中形成的日常概念存在差异，甚至一些物理概念和日常经验概念处于相反状态，因此在开展物理概念教学的基础上，要对物理概念特征有着正确的了解。

（一）是观察、实验与科学思维的产物

物理概念指的是物理对象本质属性在人头脑中的一种反映，它是在经过实验和观察后应用科学思维将偶然性、片面性的因素排除，抓住物理现象的本质属性，进行总结概括和抽象后得出的。在形成的物理概念中，科学思维是关键的内容，如天体运行、车辆前进、机器工作等，这些现象虽然不同，但会发现一个物体相对于另一个物体的位置均是随着时间的改变而发生变化的。可以说，物理概念不同于人们在生活经验中形成的日常概念，它是观察与科学思维的产物。

（二）具有确定的内涵与外延

物理概念和日常用语存在着差异，它有着明确的定义和范围。物理概念内涵指的是概念所体现的物理现象过程所拥有的本质属性，它也是此事物和其他事物存在本质的一种差异。物理概念外延指的是具有概念所反映的本质属性的全部对象。比如日常生活的"热"拥有多种含义，人们常会说天气很热、摩擦生热、暖气向外散热等。在这些内容中，天气很热代表的是冷热程度，是物理学中所描述的温度。而摩擦生热代表的是内能，是将机械能变成内能的过程。暖气向外散热代表的是能量由内能转移，因此在热学中，热量内能和温度间彼此联系，但是外延和内涵属于不同的概念。

（三）大部分物理概念具有量化特性

从质和量的辩证角度进行分析，物理概念可划分成两种，即定量概念和定性概念。定量概念被称作物理量，物理量使用定量方法阐述。客观事物的属性有着可测性，比如前面所讲的加速度、速度、电场强度等，加速度是描述物体运动速度变化的属性，因此速度大小变化快慢的程度或者是速度方向变化快慢的程度是通过一个量准确描述的。由于学生认知发展的阶段性，很多高中物理概念由初中的定性描述发展到定量表达。

【案例 4.2】由初中探究导体电阻大小的影响因素发展到高中探究导体电阻影响因素之间的关系

（初中教材）（1）电阻的大小是否跟导线的长度有关：选用粗细相同、长度不同的两根镍铬合金丝，分别将它们接入电路中，观察电流表的示数。比较流过长短不同的镍铬合金丝电流的大小。

（2）电阻的大小是否跟导线的粗细有关：选用长度相同、横截面积不同的两根镍铬合金丝，分别将它们接入电路中，观察电流表的示数。比较流过粗细不同的镍铬合金丝电流的大小。

（3）还可以检验其他的猜想：影响导体电阻大小的因素还可能有哪些？它们是怎样影响导体电阻的？

（初中结论）实验中可以看到，长的镍铬合金丝中电流较小。这表明导体的电阻跟它的长度有关。同种材料、横截面积相同的导体，长度越长，电阻越大。通过实验还可以发现，较细的镍铬合金丝中电流较小。这表明导体的电阻还跟它的横截面积有关。同种材料、长度相同的导体，横截面积越小，电阻越大。

（粤教版高中教材）通过实验进行定量的研究。通过伏安法测出同材料、同横截面的三个不同长度的电阻的阻值，接着测出同材料、同长的三个不同横截面积电阻的阻值，最后对同长度、同横截面的两个不同材料的电阻，通过调节滑动变阻器，使流过电阻的电流一样，比较电压大小便可知电阻的大小。在方法上有别于前面两个操作，然后处理实验数据，得出结论。

（高中结论）在一定的温度下，均匀导体的电阻 R 与长度 l 成正比，与它的横截面积 S 成反比。用公式表示为：$R=P\dfrac{l}{S}$。

根据实验数据及结果，可以得到什么结论？

从以上教材要求可以看出，这是在高中物理课程基础上的深化和拓展，除了引导学生运用控制变量等研究方法设计实验方案，还要求学会分析和处理实验数据的方法，提高科学探究能力，从定性感知提至定量描述，从认知出发促使思维发展。

（四）物理概念是生活世界到物理世界的科学思维产物

物理概念产生的源泉是对物理现象和科学实验的观察总结和概括，是在大量的物理事实的基础上建立起来的，物理概念源于实践又高于实践。一个物理概念的获得，往往要经过对物理现象和过程的观察与实验，在感知的基础上对大量的一类现象和过程以归纳与演绎、分析与综合、理想化、类比等科学方法进行思维加工，寻找共同的本质属性，得出抽象化的概念。例如，质点、理想气体、点电荷、弹簧振子、单摆、匀强电场等是对真实事物的抽象、高度概括的理想化的物理模型；匀速直线运动、匀变速直线运动、平抛运动、匀速圆周运动、简谐运动、弹性碰撞、等温过程等是对真实过程运用科学思维加工的理想化物理模型。

又如重力势能表达式，是经过重力做功与能量转化的理论推导、分析推理得出的。电势能概念是通过静电力做功和重力做功与路径无关的相似性，进行类比推理得出的，同理利用引力做功与路径无关的相似性引入弹性势能、分子势能的概念。这些都是由生活世界现象经思维加工成为物理概念的。

（五）物理概念是不断发展变化的

随着人类认识世界的不断深入，会发现更多的物理现象和过程，提出更多的物理问题，进而使用更多的物理知识去解决问题，这时相关物理概念就会有所改变，不断地得到发展。

例如速度，一开始观察发现，运动物体通过某段路径所用的时间有长有短，或在相同的时间内通过的路径也有长有短，对应着物体的运动有快有慢，所以人们将路程除以时间的数值定义为速度。接着发现沿不同方向通过相同大小的路径所到达的位置不同，提出具有方向性质的位移概念。那么如何描述运动物体位置变化的快慢呢？人们根据先前的速度定义，尝试用位移除以时间，得出既可以描述大小又可以描述方向的速度概念。速度矢量的出现，使得速度的内涵更加丰富。为了更精确地描述运动和位置变化快慢，运用极限思想提出了瞬时速度的概念。随着对运动类型的研究不断发展，物理学引入了"角速度"的概念来描述圆周运动，原来的速度在这类运动改称为"线速度"。此外，在机械振动与机械波中，有振动速度和波速等。

物理概念教学要符合学生的认知阶段和认知结构，根据概念的发展安排概念进阶学习。静电场中"电荷"的概念是不同阶段相同概念的进阶，初中阶段从摩擦起电现象认识电荷，认识到两种电荷的同性相斥、异性相吸；在高中阶段学生比在初中更进一步认识起电和感应起电，对"电荷"的认识进阶至物体带电的微观本质，并建立点电荷的模型，电荷间的相互作用力也由定性发展到库仑定律的定量计算。基于高中生的认知水平和进一步完善物质观、相互作用观和能量观，在高中阶段静电场的学习进行不同概念间的进阶。"电场"概念的引入，为研究其物质性质提供空间，一是从力的视角研究，二是从能量的视角研究，为此引入"电场强度""电势""电势能"等主要概念，最后从电场的应用出发引入"电容"概念。

四、物理概念的内涵和外延

概念的内涵是该概念所包括的一切物理对象的共同的本质属性的总和，常被称为概念的含义。概念的外延是指适合于该概念的一切对象的范围，常被称为概念的适用范围和条件。相对初中物理概念而言，高中物理概念内涵更丰富，外延更细致。以机械运动相关概念为例说明：

机械运动→直线运动→匀速、变速直线→匀变速直线运动→自由落体运动机械运动→曲线运动→变速曲线运动→匀变速曲线运动→平抛运动，可以看出，一个概念的外延有可能是多个概念，概念内涵和外延往往体现着概念体系的结构化，所以概念教学不能零碎地进行，而应在物理概念的教学过程中，帮助学生扩展物理学科的概念体系的结构，逐步深入地理解物理概念的内涵和外延，从而提高学习效率。

教师在开展概念教学前，应先将物理概念的外延和内涵明确划分，物理概念外延指的是使用此概念的相关事物。教学中能够发现，学生在应用和理解物理概念时，会缩小外推概念的外延，从而出现错误结果。比如竖直方向的运动，处在超重状态的物体，学生通常考虑向上加速，而忽略向下加速；处于平衡状态的质点通常会考虑静止状况，而忽略了匀速直线运动。无条件外推概念的外延主要是明确概念从属关系，比如匀速圆周运动物体所受外力和加速度大小，学生甚至会将此特征作为圆周运动的特征，使用匀速圆周概念取代圆周运动概念。概念教学中要认识到内涵和外延有着相同的重要性，让学生能够学习到完整的概念知识。知识的认知属于循序渐进的过程，教学不可一蹴而就，应有着层次性、系统性和逻辑性。

第二节　高中物理概念教学设计策略及案例分析

概念指的是对象本质属性的思维方式，具有抽象性和概括性。人们要正确地认识自然，合理使用概念，深化概念，确保能够掌握基础概念，发挥出加深知识的作用，让学生能够获取探索知识的权利。

一、高中物理概念教学设计策略

物理概念是学生学科学习所养成的价值观念、关键能力、品格，物理概念教学有着育人的作用。最有价值的知识是关于方法的知识。从建构主义的角度讲解物理概念教学，它是让学生能够将学习好物理概念作为目的，教师通过教学的方式帮助学生融合新旧物理的概念。构建新的认知结构和物理知识体系，这也是育人的主要体现。因此，我们在物理概念教学中，要注重引导学生在探究过程中经历概念的形成过程，建构物理知识认知结构，培养学生的核心素养。

如何在物理概念教学中落实核心素养教育？"三主线两环节"教学设计模式

提出教学目标素养化、教学过程情境化、师生活动合作化的"三化"教学设计应用策略,具体到物理概念教学设计时,可以采用如下的教学设计的策略。

（一）确定教学目标

确定教学目标可采用如下步骤：第一，研读课标，把握课程标准对本节课核心素养教育的要求；第二，研读教材，理解教材编写思路；第三，合理表述教学目标。在教学目标表述上为达到可测性，采用马杰的目标表述ABCD法：主体(A)、行为（B）、条件（C）、程度（D），因为物理概念教学重在建构过程，所以表述教学目标要有所体现。

【案例 4.3】高中物理必修 1 "弹力"

【教学目标】

1. 发展相互作用观

（1）学生通过动手和观察，能够识别生活中常见的形变，知道形变及其分类，知道任何物体受力时都会产生形变。

（2）通过多个实例分析，让学生经历弹力建构过程，知道弹力产生原因和条件，能够判断弹力方向。通过弹力的应用形成弹力的观念。

（3）引导学生自主探究弹力大小与形变量的关系，理解胡克定律的表达式，会用胡克定律解决有关问题。

2. 发展学生的科学思维能力

（1）学生通过微小形变放大的装置，知道研究方法"微小放大法"，培养学生的科学思维能力以及知道实验验证的重要性。

（2）通过控制变量法定量探究弹簧弹力与形变量、劲度系数的关系，培养学生的科学推理能力。

3. 发展学生的科学探究能力

通过学生猜想弹簧弹力与形变量的关系，提出假设，引导学生自主设计实验，学会分析和处理实验数据，并根据图像讨论交流，对结果进行解释，培养学生基于证据得出合理结论的能力。

4. 培养学生的科学态度与责任

（1）经历胡克定律的探究，真实准确地记录实验数据，体会科学精神和态度在科学研究中的重要性。

（2）通过弹力在生产生活中的应用，使学生善于把物理学习与生活实践结合起来，培养学生的社会责任感。

（二）概念引入时明确意义

概念引入是概念教学的重点。这一部分的设计需要让学生懂得为何将此概念引入以及引入概念的作用，同时在课堂的教学中，教师要找到引入概念调动学生热情和兴趣的方式，明确此种设计能够培养学生何种素养，此些内容均是教师设计教学情境主线和活动主线所要考虑的问题。按照学生认知结构对应的知识状况与物理概念特点，创设符合要求的概念情境。

如"弹力"概念的引入：播放多个动态视频，如跳板跳水运动、撑竿跳高运动等，先让学生观察与运动员接触的跳板、撑竿的变化情况，找出这类现象的共同特征——形变，然后让学生手压海绵、弹簧，感受形变物体为了恢复形状而对与之接触的物体施加一个力的作用，把这个力定义为弹力。从视觉、触觉方面获得感知，为概念的形成做好铺垫。再如在学习"电容"概念之前，可先让学生亲自接触并拆开电容器，直观感受元件的构成，消除陌生感，学生会产生疑问：这样的一个元件怎么可以"装"电荷？如此，便能激发学生的兴趣，进而有探究的欲望。

（三）概念建构中培养科学思维

任何概念的形成都离不开科学思维，科学思维方法通常隐含在各个物理概念与规律中。

学生通过不断的学习、探索、实践和总结，能够收获与其照应的研究策略、思维方式，但此种经验处于零散无序的状态，有着碎片化特点。当学生形成了整体化的思维方式时，则学生能够构建科学思维链条，保证在后续的学习中不会被知识和事实塞满头脑，将学习到的思维方式应用于与其照应的物理知识中，提高自我发展能力。教师在开展概念教学的过程中需要为学生提供所需的感性材料，确保学生在学习概念的过程中能够使用抽象概括、构建模型、推理论证等科学思维认知方式，对新旧概念之间进行逻辑分析。

（四）运用概念解决实际问题

学习与应用是相互促进的，相辅相成的。教育源于生活且高于生活，因此由生活得来的教育便是无痕教育。教师需要明确教学的基本要求和目的，合理使用物理概念，帮助学生找到在理解概念的过程中存在的问题。

例如新教材粤教版必修中的"弹力""摩擦力"内容，建构概念和形成概念以后，单独设置一个要点"弹力的应用""摩擦力的应用"，这是有别于以前教材的一个突出的地方。如弹簧弹性具有缓冲减震的作用，介绍汽车底部安装有螺旋弹簧和弯曲的弹性钢板，弹簧在各种安全阀超压保护装置中的应用，有钢筋和混凝土结合起来的作用，轮胎上有花纹以增大摩擦力，机器轴承安装滚珠和加入润滑油以减小摩擦力。在课后也编排了解决实际问题的习题。

让学生运用物理知识解决生产生活中出现的实际问题，阐述生活中的现象，是中学物理教师教学的主要目标。在教学中，把生产生活中的实际问题使用文字描述为原始的物理问题，应用学习过的概念解决实际问题，促进实现物理核心素养。

二、物理概念教学设计过程

（一）引入概念

引入物理概念是为了让学生能够认识引入概念的重要性。在一节课的初期，要激发学生的好奇心，让学生能够产生学习动机。一节课多数是以提问形式开展的，让学生能够积极地讨论物理问题，按照学生具备的知识经验以及物理概念特征选择多个角度提问。

（1）以经验引入

根据学生的经验，引导学生参与分析、比较、归纳，同时探究相同物理现象所含有的共同性质，提出新概念。此种引入会让学生有着亲切感，提升学习兴趣，引导学生注意身边的事物，养成观察的习惯。

（2）从实验现象引入

学生缺少经验，因此使用典型实验，让学生能够形成感性认知。同时从实验现象出发提出新概念，此种引入能够培养学生的观察能力、实验能力和注意能力。

（3）从理论知识引入

引入的基础是让学生掌握物理知识，复习学习过的知识，找到知识间存在的问题，进而提出新的问题。也可在理论基础上开展逻辑推理，从而通过理论知识进行引入。

（二）导出概念

由提出问题到获得结论需要一个过程，这也是解决问题的过程，即导出概念的过程，此过程分为三步：

（1）明确问题

在讨论问题时要抓住事物的矛盾点，紧抓问题核心，将未知和已知的东西以及提供条件、所求结果分隔开来，明确目的和探索方向。

（2）提出假设

研究问题复杂，要按照已有经验、事实材料、事物特征开展探究。在探究物理问题时，要先提出假设，再获得结论。

（3）检验假设

物理概念教学设计的检验假设包含两种方法，一种是使用科学实验与观测，另一种是以逻辑推理的方式进行检验，两种方式相辅相成，并非独立与对立的存在。

（三）明确概念

通过引入与导出概念，可以进一步明确概念。

（1）定义概念

将概念明确而又清晰地提炼出来，使用精准的语言表述概念，即对概念进行定义。

（2）构建体系

概念体系反映客观事物的内在联系，概念不是一句话便能够表达的，包含了概念、测量、运算、物理意义等相关要素。因此，构建体系时要将相关要素涵盖进来。

（3）概念延伸

概念延伸指的是概念、使用范围、适用条件以及相关概念间存在的关联。在阐述概念时，若是未引导学生扩展对概念的理解，则无法明确其和相关概念间的关联，使得学生对概念的理解有着片面性，不利于学生使用概念，也无法培养学生的综合能力。

（四）巩固概念

巩固概念指的是学生将所构建的概念铭记于心，同时丰富概念内容，让物理概念外延，顺利使用概念解决物理问题，巩固相关内容。教师可根据概念给出习题，让学生在练习中巩固概念，或者是让学生设计趣味实验，通过文字描述或者制作表格的方式，总结学习物理概念的过程和方法，在帮助学生巩固概念的基础上，培养总结概念的能力。

三、核心素养下"三主线两环节"物理概念教学设计案例分析

下面以高中必修 3 "电场　电场强度"（第一课时）为例进行分析。

（一）教学设计步骤一

优化教学目标，使教学目标实现素养化。梳理目标主线，如课标要求、分析教材、分析学情、教学难点和重点、教学目标。

1. 课标分析

《普通高中物理课程标准（2017 年版 2020 年修订）》内容要求：知道电场是一种物质；了解电场强度，体会用物理量之比定义新物理量的方法；会用电场线描述电场。本节课以这节内容为载体，发展学科核心素养。电场的学习让学生了解场的物质性，培养学生的物质观念、相互作用观念；比值定义法定义电场强度、电场线模型的建立，培养学生运用科学思维方法进行科学推理并且发展问题勇于交流的科学探究意识；在电场概念提出的历史发展及推理中培养学生严谨理性、敢于质疑、求实的科学态度。

2. 教材分析

"电场　电场强度"是《普通高中物理课程标准（2017 年版 2020 年修订）》必修课程必修 3 模块中"静电场"主题下的内容，是对库仑定律的进一步验证，进一步明确了两电荷之间作用的本质是通过电场来实现的；电场的强度是描述电场的力的性质。不仅为后续学习电场的能的性质提供基础，还进一步完善力学的框架，同时又为后面电路磁场的学习做好铺垫，为进入电磁学学习打下基础。

本节教材内容由生活问题情境激发学生的学习兴趣，符合知识应用和心理特点。围绕静电场核心概念"电场强度"展开关联知识的学习：①引出电场（利用库仑定律、法拉第观点）；②得出电场强度（实验观察、理论探究）；③进行点电荷电场强度的推导分析；④得出电场强度的定义式及外延（点电荷电场强度决定式），知道电场强度的客观性和矢量性；⑤分析点电荷的电场和电场强度的叠加；⑥通过点电荷电场的方向逐步画出电场线，再由电场线引出匀强电场。教材内容设计逻辑分明，环环相扣，符合认知特点。

3. 学情分析

（1）认知层面

学生学过重力和磁力，知道它们发生在两个不接触的物体之间，同时学生在生活中和之前的学习中对弹力、摩擦力等"接触力"具有直观的理解，但对重力等"非接触力"的产生原因不了解，学生需要理解并区分接触力与非接触力。因此电场的抽象性是学生理解的难点。

（2）知识层面

要充分调动学生自主地从受力的角度推导电场强度，需要掌握库仑定律，会求真空中两个静止点电荷之间的相互作用力的大小和方向。学生在初中学过用比值法计算物理量如速度、电阻，为学习本节电场强度提供基础。学生掌握了矢量的平行四边形运算，具备电场的叠加原理的学习条件。

（3）能力层面

通过学习力学，学生已经初步具备了发现问题，并通过科学探究解决问题的能力，对具体电学问题的分析能力还需进一步培养。

（4）学习评价目标设计

考虑到是新课讲解和笔者所在学校学生的基础，故设计到水平三，见表4-1。

表4-1　"电场电场强度"学习评价目标设计

活动评价	评价标准		
	水平一	水平二	水平三
知道电场是一种物质	知道电场是物质存在的形式之一	知道电场是物质存在的形式之一，并能以相互作用观念认识电场的基本性质	知道电场是物质存在的形式之一，并能以相互作用观念理解、解释电场的基本性质
能用电场强度描述电场的性质	能说出如何研究电场，能在他人的指导下进行实验探究，并能从观察到的实验现象中简单分析电场的强弱	能说出如何研究电场，能使用仪器进行实验探究，并能从实验现象中进行分析，得出结论，初步形成电场强度的物理概念	能说出如何研究电场，能明确实验的要求并进行探究，能从实验现象中进行分析，发现特点，得出结论并做出解释，形成电场强度的物理概念
能用物理量之比定义电场强度，进一步了解用物理量之比定义新物理量的方法	知道比值定义法是构建物理概念的一种科学研究方法，知道借助外界因素来研究相关物理量	能对电场强度用比值进行定义做出分析和推理，能对用物理量之比定义新物理量的方法表达自己的观点	能对电场强度用比值进行定义做出分析和推理，并做出解释，能归纳概括学过的用比值定义法的物理概念并用证据表达自己的观点
能用电场线模型分析电场中比较简单的问题，并得出结论	知道电场线是一种物理模型，是假想的、不存在的	理解电场线模型的建立，并能简单分析有关电场线的物理问题	理解电场线模型的建立，并能对有关电场线的物理问题进行分析和推理，做出解释，得出结论

4. 教学目标

（1）发展物质观念和相互作用观

①学生通过区分接触力与非接触力，了解电场提出过程的史实，知道电荷周

围存在电场，知道电荷间的相互作用是通过电场发生的，知道电场是客观存在的一种物质形态。

②学生通过实验观察、理论探究及师生互动，理解电场强度描述的是电场的力的性质，能用电场强度的定义式进行相关计算并描述电场的性质，知道点电荷场强的决定式，知道电场叠加原理。

（2）发展学生的科学思维能力

学生通过不同试探电荷位于电场中不同位置的情境创设，经历了"比较—概括—抽象"的过程，进一步了解用物理量之比定义物理量，发展科学推理能力；通过对点电荷电场强度的大小和方向的抽象概括，得出用电场线形象描述电场和匀强电场模型，培养建构模型的能力。在处理以上信息的过程中，发展了科学思维。

（3）发展学生的科学探究能力

在构建核心概念"电场强度"的过程中，通过创设不同位置带电铝箔由于受到金属球给它的力摆出一定的角度的情境，培养学生探究问题、解决问题的能力。使用师生互动、生生互动的方式开展交流和讨论，让学生能够提高合作能力。

（4）发展学生对科学本质的认识，培养严谨、求真的科学态度

学生通过学习本节内容解决生活情境中的问题，认识科学本质，逐渐形成探索自然的内在动力，培养敢于质疑、坚持真理的科学态度，通过层层递进的推导，培养严谨求真的科学态度。

5. 教学重难点

（1）教学重点：电场强度概念的得出及概念的理解

电场强度是静电学的核心概念之一，反映电场的客观性，是从力的方面描述电场性质，是学习电场的能的性质的前提，同时概念的得出过程让学生经历科学思维和科学探究，是学生学科核心素养培养的重要载体。

（2）教学难点：比值定义法

定义电场强度、电场线模型建构比值定义法定义过程需要较强的逻辑推理验证能力，对电场线模型的建构需要较强的抽象概括思维。

6. 点评

素养化教学目标的表述，是为了确保把教授知识内容和教学过程提升至育人的高度和具备学科素养的层面，主要的依据有以下几个方面。第一，基于课程标准的"内容要求"在知识掌握程度方面提出的要求。第二，根据课程标准的"教学提示"，通过静电场的学习，让学生了解场的物理本质，培养学生的物质观和互动观，引导学生学会建立电场线的物理模型，实现物理模型在具体问题研究中的重要作用；让学生了解物理量比的应用，从而定义新的物理量，理解电场强度物理量的含义，理解其定义方法；重视物理学史的教育功能。第三，根据学术要

求，可以用电场强度来描述电场特性，进一步了解物理量的比值来定义新的物理量方法，可以用电场线模型来分析电场相对简单的问题，从而获得结论。

因为物质的基本性质之一是能发生力的作用，为本节电场是一种物质做好铺垫，做好引入电场强度的准备；另外，为了完善物理观念，本节内容为后续电势、电势能的能量观的学习做好知识储备。教学应真正以学生为主体，需要对所教学生的认知、知识和能力方面进行分析，并结合课程标准的评价等级，制定出本节课不同水平学习结果的评价标准，关注学生对知识内容的掌握情况和物理学科素养的不同表现。

（二）教学设计步骤二

"电场　电场强度"教学流程如图 4-1 所示。

图 4-1　"电场　电场强度"教学流程

（三）教学设计步骤三

课堂教学环节中的情境主线 + 活动主线设计（教学片段）。

1. 教学环节（一）：电场概念引入→创设情境→师生活动

"感受电场的存在"的教学环节见表 4-2。

表 4-2　"感受电场的存在"教学环节

创设情境	师生活动	设计意图
展示科技馆里的起电机使人头发竖起散开的图片	学生观看与思考	激趣：用有趣的现象，以问题引领，激发学生探索的欲望

续表

创设情境	师生活动	设计意图
把一根日光灯管从远处靠近通电带静电小球	让学生亲自操作，观察现象：日光灯靠近过程中日光灯变亮，靠得越近越亮。 教师问：日光灯亮了说明灯管两端有电压，为什么它们之间没接触却发生了作用？	电场无法用肉眼感受到的，需要借助现象获得感性认识
类比：初中学过磁铁间无接触也可以发生相互作用力是通过磁场发生的	演示实验：两带电体受力情况 回忆与思考：两带电体也没有接触，它们之间的相互作用是如何发生的呢？ 以提问的方式让学生参与课堂活动	类比是一种认识世界的思维方式，借此培养学生的思维能力

"电场概念的形成"的教学环节见表4-3。

表4-3　"电场概念的形成"教学环节

创设情境	师生活动	设计意图
补充与电场有关的物理学史和现代科技对物质的认识	1.教师讲述：①有一种观点：超距作用，不需要介质，可以跨越空间直接发生作用。②哲学家康德认为："我们只有通过空间的力知道这个空间的物质。""物质充满空间不是由于它的纯粹存在而是由于它的力"的思想在很大程度上影响了法拉第的研究思路。法拉第认为当物体带电以后，它周围就存在一种物质——电场。 2.教师让学生课前预习时阅读导学案上的常见的物理形态有固态、液态、气态、等离子态、辐射场态、反物质	物理学史的简述，启迪学生要像科学家那样不断地对世界进行探索，培养学生乐于探索的科学精神；补充现代科学场；认识几种物态，使学生关注前沿科技，开阔学生的眼界
得出电场的基本概念	教师引导，让学生交流探讨，由学生进行总结发言。 （1）电荷周围存在着由它产生的电场。 （2）电场对场中的其他电荷产生力的作用。 （3）电场是客观存在的物质	学生进行交流讨论，做简短的发言，由此培养学生的表达能力

2．教学环节（二）

"电场强度概念的引入与形成"的教学环节见表4-4。

表 4-4 "电场强度概念的引入与形成"教学环节

创设情境	师生活动	设计意图
【演示实验】在水平支架上挂一个轻小球,先让它接触起电机小球,使轻小球带上同种电荷。发现轻小球被排斥,小球悬线与竖直方向有一定的夹角,随着远离起电机小球,发现夹角变小	【教师提问】这个现象能说明什么问题? 【学生思考回答】带电轻小球受到的电场力变小,说明电场有强弱。 【教师提问】如何描述电场的强弱? 【引导学生猜想】电场对放入其中的电荷有力的作用,可不可以通过电荷在场中的受力描述电场的强弱?	通过演示实验创设情境,提出问题,培养学生观察问题的能力
【创设情境】在 O 点位置放置场源点电荷 $Q=+2×C$,在其产生的电场的 A 位置和 B 位置分别放入不同电量的试探电荷 q,$OA=0.1cm$,$OB=0.3cm$。请计算试探电荷所受静电力的大小,填入表中 	【计算验证】学生进行分组运算。 【分析数据,引导问题】 (1)同一点不同电荷受的力不同,是否用静电力大小描述电场强弱? (2)不同电荷在同一点受电场力大小不同,还能否用静电力大小描述电场的强弱?	对数据进行分析,培养学生的分析能力
电场强度定义式的得出。在已有表格的基础上增加一列,内容为受到的电场力与试探电荷的电量的比值	【计算验证】学生进行分组运算。 【分析数据 引导提问】 (1)从数据中能否找出一个不变的量?它能否描述某点电场的强弱? (引导)我们可以回忆速度的定义方法,用位移与时间的比值标识物体运动的快慢,类比速度的定义,思考下一步可以怎么操作? 答:试探电荷的电场中某点所受静电力与其电荷量的比值是定值,可描述该点电场的强弱。 (2)我们把 F/q 这一比值命名为什么物理量? 答:电场强度	进行思维的科学探究,体会比值定义法定义物理量的过程,层层递进得出描述电场强弱的物理量,培养学生的科学探究能力

3.教学环节（三）：电场强度概念的巩固

"电场强度概念的巩固"的教学环节见表4-5。

表4-5 "电场强度概念的巩固"教学环节

创设情境	师生活动	设计意图
创设问题： 对于电场的同一点，不同的 q，受电场力 F 不同，但 F/q 的比值不变，电场强度是否与 F、q 无关呢？	师：电场强度是否与 F、q 无关？ 为了解决问题我们需要进一步的检验。 师：我们可以用一个点电荷的电场进行检验。 生：由库仑定律和 F/q 进行推导。 生：点电荷形成的电场在某一点的电场强度与场源电荷和位置有关，与试探电荷无关。 师：这个检验是对点电荷电场这一特殊情境进行的	培养学生严谨的科学态度与求真意识；对于结论要进行检验，从而真正理解概念的内涵
创设问题： 电场强度与什么有关呢？	教材： 实验表明，无论是点电荷的电场还是其他电场，在电场的不同位置，试探电荷所受的静电力与它的电荷量之比一般来说是不一样的。它反映了电场在各点的性质，叫作电场强度。电场强度常用 E 来表示，根据分析可以知道： $$E = \frac{F}{q}$$	
创设问题： （1）把同一试探电荷放在点电荷电场中的不同位置，试探电荷受到的静电力的方向是否相同？ （2）方向不同说明了什么？ （3）怎样定义电场强度的方向呢？	师：提出问题。 生：根据库仑定律两点电荷作用力的方向在它们的连线上，"同种相斥，异种相吸"。如下图： 说明电场不仅有强弱的差异，还应有方向的特征，电场强度是有方向的。 师：能否用试探电荷在电场中某点受到的电场力的方向来定义该点的电场强度方向？ 生1：由上图可知，可以的。 生2：不可以，若同一点放不同电性的试探电荷，它们受电场力的方向是相反的。 师：这种情况下，我们只好做个规定。 生：阅读材料"物理学中规定，电场中某点的电场强度方向与正电荷在该点所受的静电力的方向相同。"	创设利于交流的问题情境，有助于培养学生的交流能力和表达意识

（四）板书设计

板书设计如图 4-2 所示。

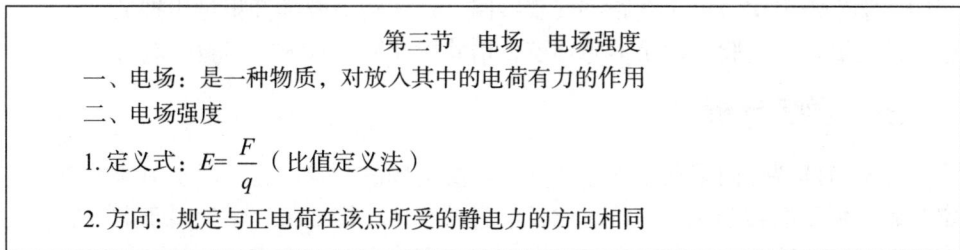

第三节　电场　电场强度

一、电场：是一种物质，对放入其中的电荷有力的作用

二、电场强度

1.定义式：$E=\dfrac{F}{q}$（比值定义法）

2.方向：规定与正电荷在该点所受的静电力的方向相同

图 4-2　板书设计

（五）点评

素养化目标主线的确定，为情境主线和活动主线明确了方向。创设物理概念学习的情境，首先创设感知情境，让学生感知看不见、摸不着的电场，激发学生的学习兴趣；接着创设类比情境，问题成为学生思考的始端，并发挥物理学的教育功能，陈述电场概念提出的历史进程；运用科学思维方法建立物理概念，通过实验现象提出猜想，创设问题情境让学生思考能否用电场力描述电场强度，并分析数据和利用前概念。引导学生自行得出用比值定义电场强度物理量，建构科学的认知。通过问题的追问，巩固电场强度的概念，解决电场强度定义式的内涵和外延问题，使教学目标得以落实，解决教学重难点。

第三节　高中物理概念教学设计案例

本节以人教版必修 3 第十章第四节"电容器的电容"的教学设计为例进行分析

一、课标分析

《普通高中物理课程标准（2017 年版 2020 年修订）》"内容要求"中指出"观察常见电容器的构造，了解电容器的电容，举例说明电容器在技术中的应用"。本节课介绍电容器的构造及使用，使学生认识电容器有储存电荷的功能，同时介绍了电容的概念、定义式，再讲解电容器的电容与哪些因素有关。学生通过对实验的观察和研究，培养学生的科学探究能力和抽象思维能力。

二、教材分析

在人教版必修 3 中，本节课是第十章第四节，教材需要先了解电容器的作用和功能，阐述使用电容器以及有关构造，让学生对电容器储存电荷的能力有着正确了解，并且要介绍电容的概念，阐述电容器的电容和哪些因素有关。在本节课程中，学生需要学习电子线路和交变线路，这些物理教学知识过于抽象，在教学中可设置更多的实验，便于学生理解，培养探究能力和观察实验的能力。

三、学情分析

在学习此课程内容前，学生要先学习静电场的内容，为学习本节课的内容奠定基础。由于电容器充电、放电以及电容的概念比较抽象，学生对于电容器的电容要循序渐进地了解。教师在教学中要设置探究实验，根据学生已有知识探究实验并进行交流，让学生能够更好地理解新物理概念知识，养成探究科学的能力。

四、教学目标

（一）科学思维和科学探究能力的发展

①学生通过研究电容器的充电过程和放电过程，探究电容器的电容的概念以及平行板电容与它自身因素关系，更深层次地理解物理概念。

②掌握实验探究法、类比法、比值定义法、控制变量法等研究问题的科学思维和科学方法。

（二）科学态度素养的发展

在教学过程中培养学生实事求是的科学精神，并进一步形成研究和解决问题的物理思维。

五、教学重难点

（一）教学重点

教学重点是电容器的电容的概念理解和电容定义式的得出。教材中只是局限于定性分析，学生难以接受并形成新的物理概念。实验室也没有直接测量电量的仪器，因此需要通过形象的实验形成电容的概念和得出电容的定义式。

（二）教学难点

教学难点是平行板电容器电容与它自身因素的关系探究。教材上的拓展学习部分只能定性研究，平行板上带电量不稳定，学生学习起来有一定的难度，容易失去学习物理的兴趣。

六、教学过程

"电容器的电容"的教学过程见表4-6。

表4-6　"电容器的电容"教学过程

活动1	教师活动：设置情境，巧妙导入 ①出示"常用电容器示教板"。②你能说明怎样描述电容器容纳电荷的功能吗？③电容器的电容由哪些因素决定？	学生活动：接受课题，进入状态。 ①明确为什么要学习该节内容，本节主要研究的是哪些内容。②以积极进取的心态投入新课学习
	活动1意图说明：明确进一步学习的必要性，有利于学生提高对该部分知识的重视程度，课题导入就是要让学生明确进一步学习什么内容，为什么必须学习该部分内容，从而产生进一步学习的激情	
活动2	教师活动：依据教材，落实问题。 ①通过出示常见电容器，从功能上和结构上导入电容器的学习。②指定学生阅读教材上关于电容器概念的部分。③进行演示实验，精讲释疑，根据学生的反馈信息，解析电容器在充/放电过程中能量的转化过程。	学生活动：主动自学，展示思路。 ①学习教材前三段，解决投影问题。 ②反馈自己的结果和思路。正确的反馈内容应该是：能够容纳电荷的电子元件，由两个彼此绝缘且相距很近的导体构成。在两个相距很近的平行金属板中间夹上一层绝缘物质——电解质，就组成一个最简单的电容器。根据教师的解析，分析在充、放电过程中能量的转化过程
	活动2意图说明：本环节意在让学生明确电容器及其有关的概念，为理解下面的知识奠定良好的基础	
活动3	教师活动：依据教材，落实问题。 ①提出问题。②进行实验演示。③指定学生阅读教材上关于电容的知识④进行矫正，着重分析比值定义法。⑤探讨电容器的决定因素，导入对平行板电容器的学习	学生活动：主动自学，展示思路。 ①接受问题并主动思考。②观察教师的实验演示并主动思考和类比。③反馈自己的理解结果。正确的内容应是：电容器所带电荷量 Q 与电容器两极板间的电势差 U 的比值，叫作电容器的电容，用 C 表示，单位是法拉，简称法（F）
	活动3意图说明：①根据教师的解析，进一步明确比值定义法定义物理量的方法及特点。②以进一步追求的心态投入下一步的学习	

	教师活动：依据教材，提出问题。①提出问题：电容器的电容由哪些因素决定呢？②引导学生进行探究，猜测可能影响电容的因素并进行预测。③引导学生制定实验探究方案。④进行实验演示。⑤引导学生对实验结果进行归纳总结，进一步明确决定平板电容器的因素，并写出决定式	学生活动：主动探究，展示思路。①接受问题并主动思考。②在师生相互启发中探讨问题的解决方案。③观察教师的实验演示并记录实验现象。④对实验现象进行归纳总结，反馈自己的理解结果。⑤根据教师的评价，进一步明确决定平行板电容器的因素，理解并记住平行板电容器电容的决定式
活动4	活动4意图说明：这一环节是本节的中心内容，先放手让学生去猜测可能影响平行板电容器电容的因素，并进行方案设计，要保证投入充沛的精力和时间，让学生充分体验"经历科学探究过程，认识科学探究的意义，尝试应用科学探究的方法研究物理问题"。通过这一环节努力让学生"认识实验在物理学中的地位和作用"，进一步了解"控制变量法""归纳法"等典型的探究物理问题的方法	
活动5	教师活动：依据教材，落实问题。①再次出示常用电容器示教板，对常见电容器进行分类。②指定学生阅读教材上关于常见电容器的部分。③重点讲解并演示可变电容器的工作原理	学生活动：主动自学，展示思路。①学习教材常用电容器部分。②反馈自己的结果。③根据教师的讲解并演示，明确相关内容
	活动5意图说明：本环节意在让学生认识常用电容器，教材上图文并茂，可完全让学生自学，教师只出示有关实物	
活动6	教师活动：依据目标，设置练习。①投放自我检测题，限定做题时间。②采集学生对检测题的作答情况。③针对错误，点拨思路，指导纠错	学生活动：主动探究，展示思路。①扎实训练，掌握应用。集中精力研究检测题，领会所学知识。②反馈作答情况，展示思路。③针对自己的错误，接受补救教学
	活动6意图说明：教学效果的跟踪检测意在检查新课教与学的成功与不足，发现问题及时补救，不留"夹生饭"，避免知识与能力的"负积累"，确保新课学习的知识与能力的完整性，为后续知识的学习奠定基础	

活动7	教师活动：抓住联系，归纳知识。 ①与学生一起回顾本节课的知识主干，形成知识网络。②举例电容器在技术中的应用（如电容器在照相机闪光灯中的作用），激发学生进一步进行探讨的积极性	学生活动：归纳知识，强化记忆。 ①针对目标，积极回顾知识。②强化记忆，实现知识的转化
	活动7意图说明：归纳总结是一个不可缺少的环节，新知识的形成过程是以知识点的呈现为主的，新课结束时，应该形成完整的知识体系，以利于能力的形成，便于将新知识编入已有的知识信息库中。归纳总结要体现主干知识体系，从物理知识的内涵、适用条件和适用范围进行纵横联系，要做到结而不散，避免简单复述	

第五章 高中物理规律教学设计与案例分析

物理规律是指物理过程在一些条件下变化所产生的规律，这也体现了物质运动变化不同要素间存在的关联，彰显物理事物本质属性间存在的关系，同时也是物理学科结构的核心内容。高中物理教学中，学生要开展实验观察，探索和分析物理现象，确保能够熟练地掌握物理概念，分析物理规律，因此需要明确物理规律教学，让学生对学习物理知识有着更多的兴趣。

第一节 高中物理规律概述

一、高中物理规律的概念

高中物理规律指的是在物理条件满足要求的情况下所发生的变化规律，它也显示了运动变化的不同要素间存在的联系，彰显了事物本质属性间的关系。在物理知识体系中，物理概念属于基础，物理规律是在基石上构建的物理知识主干。比如在力学体系中将加速度、动量、质量、机械功能作为基石，将万有引力、牛顿定律作为主干，应用数字法和逻辑法获取机械能守恒与动量守恒定律。高中生掌握学习物理的规律，能够更好地理解物理概念。比如学习牛顿第二定律后能够懂得力是改变物体运动状态的原因，在学习波粒二象性后，能够明确量子力学规律，懂得电磁波是横波，更好地探究电动力学规律。

二、高中物理规律教学的特点

（一）客观性

物理规律作为自然界客观的体现，不会转移人的意志，知识联系比较稳定。在给定物理规律的条件时，会出现物理规律所阐述的现象或过程。

（二）物理规律是观察、试验、思维相结合的产物

任何客观规律均可以被发现，而无法被创造。物理规律是观察、实验、思维

相结合的产物。例如，构建牛顿第一定律的理想斜面的实验，让小球顺着斜面由静止状态运动，若是无摩擦，则小球会到达原高度。若是第二个倾斜角减小，则小球会到达原高度，同时运动距离会更长，因此能够判断出斜面在变成水平面后，小球若是想要到达原高度，则要持续运动，这证明力不是维持物体运动的原因，阻力无法消除，第二个斜面也无法无限延长，因此伽利略的实验只能是理想实验。虽然无法实现理想实验，但是伽利略在实验基础上进行推理，也找到了解决力和运动关系的方式。与伽利略同一时代的科学家笛卡儿也对此问题进行了研究，在其看来，若是运动中的物体未受到力的作用，则将会保持同一速度，沿着同一直线开展运动，不会停下，也不会偏离方向。牛顿在总结伽利略和笛卡儿的探究实验结果后提出牛顿第一定律，因此其是实验、推理、想象结合衍生出的产物。再如，构建库仑定律。法国物理学家库仑发现，电荷间的静电力和万有引力有着相似点，使用类比思维的方式判断静电力规律和万有引力定律的相似点，然后通过实验证明假设的正确性。由此可知，库仑定律是实验、观察与思维的产物。

（三）物理规律反映有关概念之间的必然联系

物理规律是由概念构成的，是使用语言逻辑或数学逻辑表达出概念间的关系。如欧姆定律，欧姆定律由导体、电流、电压、电阻等概念组成。研究对象是导体，电流、电压、电阻是其中三个可测量的物理量。定律表明了导体中的电流与加在它两端的电压和电阻之间的定量关系。

（四）物理规律有着局限性

物理学属于实验科学，因此会受到仪器精密度与技术准确度的约束，无法避免所出现的测量误差。物理规律有着局限性，也就是规律有着使用条件和使用范围。物理规律反映了物理量间的联系，要在适当的范围内反映客观世界。比如牛顿第一定律未涉及物体运动，也未涉及物体部分间的相对运动，它通常会应用在质点中。再如欧姆定律通常应用在液体导体和金属导体中，而无法应用在气体导电与二极管导电中。物理规律有着局限性，但并不会让其实践指导意义受到影响。

三、物理规律教学的类型

在教学中，物理规律包含了物理原理、物理定理、物理定律、物理公式等内容，常见的两大类是物理定理和物理定律。使用推断法判断真的命题叫作定理。例如，动能定理是使用牛顿第二定律通过数学推演得来的，因此被称作定理。定律是由事实和实践证明，反映事物在某种条件下发展变化的客观规律，如气体实验定律便是由实验总结得来的，因此物理规律在实际教学中分为实验规律、理想规律和理论规律，各规律使用的教学方法存在差异。实验规律是在实验和观察后分析得来的规律，如学生学习的欧姆定律、牛顿第二定律等。教学要应用探究性实验法、演示实验法和验证性实验法。理想规律指的是在经验基础上进行整理分析，紧抓主要元素，忽略次要元素，推理总结的规律，如常见的牛顿第一定律等。理论规律将已知事实作为依据进行推理总结，比如万有引力定律是牛顿使用科学推理发现的，在教学中要应用理论推导法。

四、高中物理规律与核心素养

（一）物理规律与物理观念

物理观念指的是从物理学角度形成的关于能量、运动、物质等的基本认识，包含着运动概念、物质概念、相互作用观念等要素。物理观念是物理概念和规律等在头脑中的提炼和升华，同时也是从物理学的角度阐述自然现象和解决问题的基础。提炼规律和概念时将这些规律和概念组合进行优化，变成某知识领域的核心内容，同时也能够更好地解决问题，升华物理概念。规律是指学生在物理语言文字符号中所联想的对应物理情境，对于实践情境能够联想到与其对应的物理概念，比如学生参与拔河比赛会使用牛顿第三定律，因此拔河的两个队，甲队施加了大拉力，乙对甲产生相同的拉力，拉力不是胜负的主要因素。

（二）物理规律与科学思维

科学思维包含质疑创新、科学论证、科学推理、模型构建四个要素。科学思维从物理学的角度认识客观事物的内在规律，同时也是以经验事实为基础构建理想模型的过程，是内化分析和综合推理论证的方式。科学思维在事实证据的基础上，对不同观点和结论提出疑问，使其进行检验和改正，从而提出创造性的意见。物理规律凝聚着科学家的智慧，闪耀着科学思维的光辉，从规律的形成来看，知识和思维是密不可分的，没有科学思维，就没有科学实践，就只能停留在感性认识阶段，只会积累一些经验事实，而得不出物理规律的结论。牛顿等科学家离开了物理思维，就不能建立完整的物理规律体系，可见物理规律是经过科学思维形成的，科学思维又是在形成物理规律的过程中得到发展的。将科学思维的培养贯穿于物理规律教学之间，既能使学生了解知识，明白物理规律的形成过程，加深对规律的理解，又能培养学生的科学思维。例如在"认识万有引力"教学中重现万有引力定律的推导思路和过程；建立"月 - 地检验"模型，通过"提出问题→猜想与假设→理论分析→实验观测→验证结论"培养学生严谨的科学思维。

（三）物理规律与科学探究

科学探究包含了问题、证据解释，它指的是先提出问题形成猜想，然后设计实验方案，获取相关信息。在获得证据后得出结论，做出解释，同时对科学探究过程进行交流评估。物理规律作为一种完备的知识体系，是科学探究活动的结果。科学探究在本质上是科学家用来解决自然问题的一种思维方式。构建科学探究教学模式，在物理规律教学课堂中需要引入科学探究，使学生受教师的启发、指导，从而进行独立自主的探索活动。当学生完成探究后会经历提出问题、分析问题、制订解决问题的计划、设计实验、收集证据、得出结论等相关活动，能够更好地感知物理规律，获取情感体验，掌握解决问题的方式，发展创新力和探究能力。比如在高中物理教材中，探索加速度与力、质量的关系，教材所给出的案例条件是水平面光滑，但在实际实验操作中摩擦不可忽略，此种情况未让学生通过实验使用拉力表示小车受到的合力，不能验证三个物理量间的联系，需要引导学生提出疑问。若是有摩擦力，如何使用拉力表示小车受到的合力。小组进行讨论，同时提出解决方法，通过设计实验在证据的基础上得出结论并做出解释。教师在此种教学过程中可以让学生养成理想的物理实验思维意识，同时也能够让学生积极探索，拥有优良的学习品质。

（四）物理规律与科学态度和责任

科学态度和责任包含社会责任、科学态度等要素，它指的是在认识科学本质、理解社会关系的基础上，对科学技术要有着正确的态度。科学态度有着广义性，包含了团队作风、学习兴趣、求真精神，它包含了原课程标准中三维目标的情感、态度、价值观。物理学的许多规律发现都经历了曲折的过程，是几代科学家的努力成果。许多科学家为物理学的发展做出了巨大的贡献，学生通过了解科学家发现物理规律的史实，体会科学家不懈寻找规律和应用科学规律探索未知世界的科学精神，树立实事求是，尊重客观事实，不迷信权威，敢于坚持真理的科学态度，培养学生的科学态度和责任。

例如，在学习"伽利略对自由落体运动的研究"一课时，可以找出学生小学时接触过的课文"两个铁球同时着地"，让学生认真阅读，之后再借助多媒体以图文结合的形式为学生介绍伽利略探索自由落体运动的故事。该故事先介绍在伽利略之前，人们对亚里士多德的物体下落速度与质量相关这一理念深信不疑，然后讲述伽利略在比萨斜塔上做实验的过程，以及伽利略用大量实验来证明自己观点的事迹。通过这一段历史的介绍，学生对自由落体运动将会产生更加深刻的认识，并对探索物理问题的过程和方法有更多的了解；同时有助于培养学生勇于质疑、坚忍不拔的精神，最终深化学生对科学本质的掌握。

五、高中物理规律学习中的认知障碍

（一）受生活经验的影响

学生从大量的物理现象中获得了大量的物理知识，同时形成感性认识，积累了大量的生活经验。一些错误经验会让学生在理解规律时受到影响。比如在认识惯性的问题上，学生总认为运动越快的物体惯性越大，运动越慢的物体惯性越小。在关于运动与力的关系中，学生往往认为力是维持物体运动的原因，物体在力的作用下可以运动，否则就不会运动。在关于摩擦力的问题上，学生会认为摩擦的方向与物体的运动方向相反，而摩擦会让物体的运动受到阻碍。

（二）对与规律相关的物理概念理解模糊

物理规律阐述了物理概念间的相互联系，只有弄懂物理概念，才能够学习物理规律。物理概念是从物理现象、物理过程中抽象出来的共同特征和本质属性，它不仅是物理思维的前提，同时也是建立与理解物理规律的基础。当学生混淆加速度物理概念时，认为加速度是物体加速时候的物理量，则学生对匀变速直线运动，特别是匀减速直线运动的规律的认识就会受到他对加速度概念理解的认识制约。

（三）负迁移和思维定式的消极影响

迁移是一种学习对另一种学习的影响。负迁移会影响学生对规律的正确理解和运用。思维定式是人脑多次受到某种外来信号的刺激作用而形成的一种固定的思维方式。它是一种较为特殊的会对学习产生影响的心理准备状态。在建立规律时，如果学生没有掌握其内涵与外延，便会造成"定式错觉"，若是在学习的新规律中应用头脑中所含有的、错误思维习惯，便会影响到掌握和理解新规律，使思维受到束缚。比如在讲解"功的表达式"之后，让学生回答"某人用大小为 F 的力沿水平方向推一个物体，使其沿半径为 R 的圆走完一周后，推力 F 总共做了多少功？"学生回答"做功为零"，很显然忽视了 F 是变力这一重要事实。

（四）相关知识的干扰

物理学知识间存在着密切联系，物理学知识有着层次性、基本性、普遍性、从属性、局部性。它们不仅相互联系，而且具有各自对应的属性。由于部分学生未透彻了解规律的物理意义、内涵和外延、适应条件和适用范围等，不能分析形式相似、具有逻辑联系的规律，因而会干扰掌握的物理规律。这种干扰既可能来自规律所涉及的物理概念，也可能来自规律获得的过程。

例如，动量定理和动能定理是由牛顿第二定律和运动学方程相结合导出的，运动学公式应用在匀速变化的直线运动中更合适，所以由它导出的两个定理也适用于匀速变化的直线运动。

总之，物理规律是以物理概念为基础的更深层次的物理知识，它反映了物理概念之间的相互关系。物理定律是物理知识的核心。物理定律教学是物理现象和物理概念教学的最终结果，是物理教学的重要内容。

学习物理定律是一个复杂的认知过程，是感性知识与理性知识、专门知识与常识相结合、相互作用的发展过程。简单法要经过几次才能掌握，复杂法要经过几个学习阶段才能掌握。物理定律的教学过程就是帮助学生完成上述复杂认识的过程。

第二节　高中物理规律教学设计策略及案例分析

一、物理规律教学中如何落实核心素养教育

（一）从物理教学到物理教育

物理核心素质是学生适应终身发展和社会发展需要所应具备的本质特征和关键能力，同时也是学生通过物理学习内化而具有物理学科特点的素质。物理定律教学通常是以知识为线索进行的。教学活动需要知识的帮助，没有知识，教学活动就变成了无源之水。

核心素质界定了教育的本质完全属于人，是人的固有性格，决定了教育的终极任务是提高人的素质。读写能力使我们真正从人的角度思考教育，定位教育，突出以人为本的思想。素养的形成以具体知识为载体，又超越了对具体知识的学习，引导学生通过高层次的思维活动，形成从"知识本位"到"概念建构"的物理学基本理念。当下教学存在的主要问题是拥有知识、不具备能力、缺少素养。从教育思想角度出发需要教师转变教学观念，更新教学体系，将为知识开展教育变成使用知识获取教育。

（二）规律知识的建构方式

认知心理学认为，教学最重要的目标是建立学生的认知结构，促进学生的认知结构由低级向高级发展。反映在物理规律的学习中，其学习过程有接受学习和发现学习两种方式。

接受学习是指教师以命题的形式直接向学生呈现规律，和学生掌握的知识构建直接联系，使学生已有认知结构和新规律融合。物理学传统的教学模式是接受学习：教师示范→学生观察→现象分析→得出结论→举例说明。

在传统教学中，教师往往没有注意掌握正确的教学设计，缺乏必要的"铺垫"，造成学生学习困难。在知识的获取过程中，我们重视知识的获取，而忽视了培养探究意识和方法。

发现学习是指受学习的主要内容未直接呈现给学生，只呈现了有关线索或例证。在教学中，要使学生对物理结论的判断在经历了必要的认知规律之后产生，

教师应引导学生积极参与物理规律的发现和推理过程，使探究真正成为物理教学的生命线。

物理定律教学应以学生的认知过程为中心，从教育和教学的角度对科学家的原始发现过程进行必要的编辑和汇编，使学生能够追根溯源，把他们带到问题的起点，使教学过程真正成为学生对"再发现"过程和"准研究"过程的积极参与。在学生与物理世界互动的发现问题、探究规律、讨论规律、运用规律的教学过程中，学生注重解决问题，以自主研究为主，在教师的指导下，学生主动用手和脑进行分析和判断，得到（发现）规律。

发现和学习物理规律的教学是在建构学生整体知识结构的基础上获取和掌握思维规律，注重学生认知结构的变化，增加"整合"和"完善"知识结构的环节，要求学生不仅要把握学科的整体知识，而且要把握学科相互关联的概念和规律，把知识学成自己的知识，用知识解决实际问题，把知识结构学成学生的认知结构。这样，既使学生掌握了规律的内容，也使他们亲身体验了获得规律的过程，掌握了科学的方法、科学的思想、科学的精神、科学的态度和科学的方法，从而培养学生的核心素养。

二、核心素养下物理规律教学设计关注的问题

教学设计是以学习理论和教学理论为基础，运用系统理论的方法，对教学目标、教学内容、教学媒体、教学策略、教学评价等教学要素和教学环节进行分析、计划并做出具体安排的过程。实施新课程标准以后，教学目标从"三维目标"走向"核心素养"，对物理规律的教学设计提出新的要求，核心素养下的物理规律教学设计应关注以下几个问题。

（一）关注教学目标

教学目标是期望学生在完成学习任务后达到的程度，是预期的教学效果，是组织教学、设计教学、实施教学的基本出发点和归宿，因此，进行规律教学设计，教学目标的阐述必须明确。尤其是需要研究《普通高中物理课程标准（2017 年版 2020 年修订）》，准确使用行为动词表达教学目标。如"楞次定律"的教学目标为：尝试从几种判定感应电流方向的方法中，归纳概括出一种普适的定律——楞次定律；通过经历多个探究活动，体会在实验中发现规律的乐趣；参与实验，多角度分析和逐步明确归纳感应电流方向的过程，领略楞次定律的表达因高度抽象和概括而表现出的简洁美。

（二）关注学习的前提条件

美国教育心理学家加涅的理论指出，人类学习有着多样性、复杂性和层次性，

它由简单的低级学习朝着复杂的高级学习迈进，组成了不断递进的教学水平和层次。同时将学习层次分为五项，包含了连锁学习、辨别学习、规则学习、高级规则学习和概念学习，并且规则学习和高级规则学习属于对应规律的学习。

通过对学习条件的研究可以发现，无论哪一种学习模式，均十分重视学习的前提条件。迁移到物理规律的学习中，例如：切线的概念和作切线的技能是"曲线运动"学习的前提条件；磁通量概念是"电磁感应现象"学习的前提条件；受力分析与运动分析是"超重与失重"学习的前提条件；等等。

（三）关注新课导入

无论哪种导入，都应该与教学内容相结合，应该以教学目标为基础，应该服务于教学内容，应该考虑教师的教学，应该注意学生的学习。这就要求设计的介绍首先要科学、准确，其次要新颖、别致，还要有趣味性、思想性。一个合适的领导者可以创造一个良好的教学环境，成为催化剂，帮助学生启发他们的思想，发展他们的能力。

在物理课的教学过程中，导入应该是最基本，最重要的环节。俗话说得好："良好的开端是成功的一半。"如果一节课引入得当，将对整个课堂起到很好的铺垫作用。作为最重要的环节，应符合以下要求。

1.趣味性

课堂导入应注重兴趣。兴趣是最好的老师。这种心理认知会加速学生积极寻求认识和理解事物的方法和途径，表现出强烈的责任感和旺盛的探究精神。如果课堂导入充满了趣味性，学生就会把学习当作一种精神享受，从而更自觉、更主动地学习。

2.针对性

课堂介绍应注意针对性，应针对不同的教学内容和教学对象，确定不同的介绍方式。但首要的前提是让学生更加关注，确立课堂教学内容。但不能为了"导入"而"导入新课"。导入的目的是调动学生的积极性，明确课堂教学的目标，为新课的教学铺平道路。

3.新颖性

引入课堂中的材料应该是新颖的。高中生更加喜爱吸收新事物和新信息。他们对新事物充满好奇，渴望找到答案。因此，新的、丰富的时代信息能够让学生对事物更感兴趣。材料越新颖，学生越关心事物，效果就会越好。学生可以借助熟悉的图片、视频资料，从熟悉的生活现象中提出问题。

（四）关注问题设问

在教学中，要把握好规律、问题、情境三者之间的关系。具体而言，教学设计是"规律→问题→情境"，即把物理规律变成问题，把问题变成情境，即"规律的问题""情境的问题"。而学生的学习是"情境→问题→规则"，是在物理情境中思考问题，在思考问题中把握规则。如果把教学设计比作常规知识的"溶解"，那么学生的学习就是常规知识的"结晶"。

1. 问题的来源

从学生的知识背景和生活实际中提出；从对观察到的现象进行联想、思考、分析中提出；从对观察到的现象进行联想、思考、分析中提出；从新旧知识的联系与冲突中提出；从对新知识的要求中提出；从学生的思维节点、难点和疑点中提出。

2. 问题设计要求

问题设计要求如图 5-1 所示。

图 5-1　问题设计要求

（五）关注实验探究

实验探究对物理定律的建构具有重要意义。例如，左手定律、右手定律、力的平行四边形定律和伦茨定律都是从日常经验或实验现象的分析中推导出来的；胡克定律、气体的实验定律是经过对大量的实验数据进行归纳和必要的数学处理，得出的结论；牛顿第三定律则是从实验现象或实例的分析中得出定性的结论，然后通过实验来寻求严格的定量关系，得出定量的结论。当我们通过实验来研究几个物理量之间的关系时，我们首先分别控制一些物理量，研究它们之间的关系，然后将它们结合起来得到几个物理量之间的关系。对光电效应公式和现代物理学中一些定律的研究仅限于实验条件，首先介绍了前人的实验结果，然后通过对实验结果的分析得出结论。

实验探究重在"真、多、巧"。尽量真做多做演示或分组实验，增强规律来源的真实性和科学性；巧做实验，不一定照搬教材实验，可以对其进行优化，在实验器材不满足的条件下多用低成本材料，通过巧妙的设计达到教学目标。

物理规律反映了物理现象、物理过程在一定条件下必然发生、发展和变化的规律，它反映了物质运动变化的各个因素之间的本质联系，揭示了事物本质属性之间的内在联系。

三、物理规律教学的基本程序

学习物理规律是一个复杂的认知过程，是感性知识与理性知识、专门知识与常识相结合、相互作用的发展过程。学生学习物理规律，要在具体内容的基础上，通过抽象概括，得出结论，然后将结论应用到实际知识中，从理解到运用。物理规律教学应经历以下三个阶段。

（一）发现问题、探索规律

为了使学生学习物理规律，我们必须引导学生探究物理世界中的问题。因此，在教学初期要为发现问题创造良好的物理环境。创造物理环境最常见的方法是接触学生生活中最熟悉的物理现象，或者通过演示实验，或者让学生自己做实验，从而获得必要的物理知识，探索物理规律，为进一步思考提供线索和基础，为研究提供必要的知识准备。物理环境不仅要为探索物理规律提供感性的材料，而且要有助于激发学生的学习兴趣和学习欲望。

（二）思维加工、建立规律

在现有概念和实验数据的基础上，教师应引导学生进行科学思维，即运用比较、分类、分析、综合等方法，把握物理现象和过程的本质特征与内在联系，排除非本质因素和偶然因素。也就是说，中学阶段主要是运用实验归纳法和理论分析法，或者两者相结合。

第一，运用实验总结规律。

运用实验总结规律的步骤为：

①从日常经验或实验现象的分析中得出结论。②从大量的实验数据中，经过归纳和必要的数学处理，得出结论。③从实验现象或实例分析中得出定性结论，通过实验寻求严格的定量关系，得出定量结论。④在通过实验研究几个物理量之间的关系时，分别确定一些物理量，研究其中两个物理量之间的关系，然后综合得出几个物理量之间的关系。⑤结合实验条件讲解实验结果，然后通过对实验结果的分析得出结论。

第二，获得新的物理规律。

利用现有的知识和理论进行推导，获得新的物理定律的流程是：①以实验或例子为质性研究，然后利用理论推导得出结论。②在观察和日常经验的基础上，研究理想实验，通过推理和想象得出结论。③运用现有的数学知识，演绎推理，得出结论。④利用物理量或函数图像的定义，推导出物理定律的公式。

第三，得出结论。

探究一些物理规律时，需要让学生在分析观察实验后开展猜想，并根据猜想提出假设，使用实验进行验证，改正假设中错误的内容，获得正确的结论。比如常见的阿基米德定律教学中便应用了此种教学方式。教师使用任何的教学方式均需要让学生先进行探索，只有在探索后才能够获得物理规律的数学表达与文字表达内容。

为了合理解决问题，使学生更好地理解内容，在讨论后需要为学生安排典型的习题和例题，便于学生更加快速地理解规律。同时也要让学生使用知识来解决问题，在此过程中教师要先为学生示范，然后师生共同讨论典型案例问题，让学生能够在讨论实际问题后，深入理解物理规律，同时领会分析解决问题的思路，让学生能够与日常生活的实际问题相联系，更好地学习物理知识和物理规律。学生在学习的过程中，可尝试使用物理规律来阐述与其有关联的物理现象，并反复训练，让学生进行逻辑的说明。

应用物理规律解决实际问题，然后训练学生应用规律，探究解决问题的思路，使学生能够使用正确的思维解决物理问题，也要鼓舞学生结合使用过的规律进行实验，观察结论并开展小制作和小设计，同时创造简单的实际问题。教师通过让学生反复练习后，提升学生的思维能力。

（三）讨论规律

讨论物理规律通常要从多个方面出发：

第一，物理规律是使用公式表述的，只有明确物理公式的意义，才能够应用物理公式，因此在开展物理教学时，需要明确公式或者图像所存在的物理意义。第二，重视规律所阐述的含义和公式、字母的物理含义，教师在教学中需要不断地强调关键词与公式的含义，同时进行有效解释。第三，指出公式中不同字母所代表的物理量与单位，掌握规律的使用范围和条件。物理规律是在适当条件和范围下总结出来的，教师讲解规律时，要让学生先谨记规律的使用范围。第四，明确规律和概念、公式间存在的联系，使学生对物理有着更深刻的了解。学生掌握物理认知过程有一定的复杂性，要让学生获得感性认知，同时也要引导学生进行规律的归纳与概括，让学生对规律的物理意义有着正确的理解，确保学生在使用规律时能够从定量与定性两方面加深理解。

四、物理规律教学设计过程

在设计规律教学中，教师要把握规律教学设计的理念，同时也要注意以下内容。

（一）创设情境

创设情境有着多样化的方式，任何规律教学若是缺少情境的创设，便难以取得良好的效果。教师应用何种创设情境的方式需要结合学生的认知，也就是说创设情境需要教师紧密联系学生的理解和认知情况开展。

（二）过程完整

第一，创设情境，形成问题。教师需要为学生创设物理问题情境，从而展示物理现象，让学生能够思考和观察，使学生积极地说出自己心中的疑问。教师筛选问题，明确学生要解决的物理问题。教师创设的情境需要和学生的实际生活贴近，保证符合当下社会的真实环境，从而调动学生的求知欲与好奇心。

第二，实施探究，开展规律教学，进入问题定性与定量的研究探讨时期。教师要为学生创设物理情境，让学生探究物理规律。在引导学生探究的过程中，需要突出物理科学探究要素，合理设计与安排学生的猜想计划、评价、操作等活动，加速学生探究建构的流程，并且也要明确表述认识规律的成果，使用启发式教学让学生进行思考，同时要进行有效的延伸，保证使用科学的方法开展本质教育。

第三，运用规律解决问题。教师要引导学生在合适的时间应用规律，比如新情境中通过规律解决问题。教师要保证选择的问题难度适当，与实际生活存在关联，同时要在新情境下设置。通过师生讨论示范的方式，让学生能够积极解决问题，从而丰富建构物理规律的意义。教师也要有着长期的教育意识，结合规律的重要性与解决问题的难度制订教学计划，统筹安排。

（三）规律教学的实施

在新课标下现代中学物理教学要改变基本特征，满足建构性与探究性。探究建构教学模式能够让学生变革学习的方式，调动学习兴趣，发挥主动性，提升合作意识，还能改变教师的教学观念与行为，从而让新课程改革得到优化与升级。

五、"三主线两环节"物理规律的教学设计框架

基于对核心素养的解读，通过课堂不断实践，我们发现物理规律有效的基本教学分为"三主线两环节"。

"三主线"是指目标主线、情境主线、活动主线，是教学过程中的三条主线，"两环节"是指活动主线中的教师和学生活动环节。目标主线起到导教、导学、导评作用，贯穿在教学过程中。教师要依据物理核心素养的要求、教学内容、学情进行教学目标分析，确定目标主线。在目标主线指引下，将教学内容问题化，创设教学情境，引领学生积极主动地探究问题、解决问题，在教学活动中落实物理核心素养教育，达成教学目标。

六、物理规律的教学设计案例分析

以人教版必修1"牛顿第三定律"为例进行分析。

（一）确定素养化的目标主线，确保教学方向正确

1. 课标分析

《普通高中物理课程标准（2017年版2020年修订）》必修1的"内容要求""教学提示"和"学业要求"强调"理解牛顿运动定律，发展学生的运动和相互作用的概念，能够从物理学中的运动和相互作用的角度分析和理解自然界和生活中的相关现象，并通过学习定量知识，让学生阐述物体在生活中的运动和相互作用，以及通过学习直线运动和牛顿运动定律，让学生对学习物理有着更多的兴趣"。此节课需要学生主动分析牛顿第三定律，让学生由定性到定量，由不同物态到多个运动状态，从多个角度设计实验，在活动中培养学生的物质观念、作用观念、运动观念，进行更好的科学推理，培养学生严谨的态度，使学生从不同角度思考问题，养成科学思维。

2. 教材分析

"牛顿第三定律"是人教版高中物理必修1第三章第三节的内容，是牛顿运动定律的重要组成部分。事实上，牛顿第三定律可以帮助选择研究主题和研究对象。通过本课的学习，还可以让学生对学习力的概念有着更多了解，培养学生严谨的思维能力。教材讨论牛顿第三定律分为三个层次，由浅入深，第一个层次，从生活现象出发，指出力的作用是相互的，从而产生了作用力和反作用力的概念。第二个层次，学生被要求探索反应力的大小和方向。经过多次实验，他们得出了牛顿第三定律。第三个层次是在实践中运用牛顿第三定律，解释生命现象，从而达到学会运用的目的。通过上述三个层次的学习，再现规律的形成过程，使学生在获取知识的同时，亲身体验探索的艰辛和乐趣，同时培养学生的观察和实践能力、逻辑思维能力。

3. 学情分析

（1）学生的已有知识

学生在初中时期已经对力是物体之间的相互作用有了一定的认知，对定律又有着丰富的生活经验，使他们对定律的认识既熟悉又有一定的片面性。在处理相关问题时，迫切需要了解规律，以弥补现有知识的不足。

（2）学生的学习动机

高中一年级的学生有着较强的主动性和积极性，同时也有参与合作的想法，此些内容均是教学发挥主体作用的保证。

（3）学生的接受能力

大多数学生的接受能力较强，可以通过生动直观的物理实验调动学生的学习兴趣。理想实验研究方法很抽象，学生学习可能会遇到困难。

4. 教学目标

（1）发展完整的运动观念

学生通过实验探究和验证，知道作用力与反作用力的关系，理解不同物态和运动状态间的物体相互作用力的特点，理解牛顿第三定律的确切含义，能用牛顿第三定律解决简单的力与运动实际问题。

（2）发展科学思维和科学探究能力

①学生通过自己感受作用力与反作用力的关系，提高自信心并养成科学的思维习惯。

②学生针对生活现象提出问题，进行猜想，自主设计探究实验，自己实验，培养独立思考能力和实验动手能力，并通过实验培养科学推理、科学论证、归纳总结的能力。

③学生观察实验，归纳不同的物态、不同的运动状态下的利于作用力的关系，培养缜密的科学思维。

（3）发展科学素养

学生共同参与到实验的设计和探究中，激发学生对科学实验的兴趣，培养学生严谨的科学态度和实事求是、精益求精的科学精神。

5. 教学重难点

（1）教学重点：通过实验探究并理解牛顿第三定律

牛顿第三定律揭示了作用力与反作用力的关系，是在实验基础上归纳总结出来的，让学生经历实验并"重新发现"牛顿第三定律和理解牛顿第三定律是本节课的重点。

（2）教学难点：不同物态间不同运动状态间相互作用力的探究

对牛顿第三定律的内容表达中"总是"含义的理解，对高一学生来说是个难点。在对牛顿第三定律内容的内涵和外延进行理解时，应引导学生用科学思维对"总是"进行理解。"总是"代表普遍适用性：运动的、静止的物体间，不同的物态之间，接触的物体、非接触的物体间作用力与反作用力间都存在相同的关系。因此，在教学中通过创新实验创设固态与固态间的作用力与反作用力、液态与固态间的作用力与反作用力、气态与液态间的作用力与反作用力之间的定量关系的实验场景，来说明牛顿第三定律的普遍适用性。这样有助于科学思维的进一步深化，使学生在探究式学习中形成物理观念。

（二）铺设情境、活动主线，情境产生问题，用问题引领活动教学

设计步骤一：由教学目标确定教学环节设计，如图 5-2 所示。

图 5-2 "牛顿第三定律"教学环节设计

教学设计步骤二：课堂教学环节中的情境主线 + 活动主线设计。

教学环节一：设计情境，引入新课（情境主线 + 活动主线）。

让两位学生表演"掰手腕"比赛。通过比赛的输赢，引出两位同学的相互作用力，给出作用力的概念，并提出问题：是不是比赛赢的同学作用力比输的同学的反作用力大？作用力与反作用力之间存在怎样的关系？

设计意图：利用熟悉的生活情境引入课题，通过认知冲突设问让学生进入积极主动的思考状态，激发学习激情。

教学环节二：学生自选器材，进行实验探究（情境主线 + 活动主线）。

学生开展科学探究：一对相互作用的作用力和反作用力间存在怎样的关系？

提供弹簧测力计、发条小车、薄木板、笔、装有磁铁的小车等，让学生自选器材，进行实验探究。

探究过程主要围绕以下五个问题展开：

①是否先有作用力，后有反作用力？

②作用力与反作用力的性质是否相同？

③受力物体是否相同？

④方向是否相同？

⑤大小是否相等？

学生展示探究过程，第一组学生用装有磁铁的小车探究一对磁场力的关系，第二组学生探究发条小车与薄木板间摩擦力的关系，第三组学生探究两弹簧测力计对拉时弹力的关系。从探究中得出结论：相互作用力等大反向，性质相同，作用在不同的物体上。

设计意图：突出学生的主体地位，使学生亲身体验物理规律探究的过程，要从重视学生的体验学习入手，让学生置身于一定的情景，锻炼学生的动手能力，培养科学探究的思维。

教学环节三：教师演示实验，学生观察实验，得出结论。

教师提出问题1：刚才大家得到的结论都是固体与固体间（定性或定量）的结论。那么不同物态之间的作用力与反作用力存在怎样的关系？

教师演示固体与液体间作用力与反作用力定量关系实验、液体与气体间作用力与反作用力定量关系实验。

学生通过观察实验，得到结论：不同物态间的作用力与反作用力大小相等，方向相反，作用在同一直线上。

教师提出问题2：运动的物体间的相互作用力是否也满足以上关系？

演示实验：用力传感器探究运动物体间作用力与反作用力的关系。

学生通过观察实验，得出结论：运动物体间的作用力与反作用力大小相等，方向相反，作用在同一直线。

通过实验探究，形成牛顿第三定律的物理观念：两个物体之间的作用力和反作用力总是大小相等，方向相反，作用在同一直线上。

设计意图：利用电子秤定量探究不同物态间的相互作用力关系，在学生已有的物理观念上进行科学思维的拓展，培养学生严谨的科学态度；利用力传感器定量探究运动间的相互作用力关系，使学生在探究式学习中形成严谨、科学的物理观念。

教学环节四：物理回归生活（情境主线＋活动主线）。

小视频：同学进行拔河比赛，男生踩在滑板上和女生拔河。

引导学生思考：决定拔河比赛胜负的原因是什么呢？通过学生的讨论交流，让学生理解胜负并不是因为两个拉力的大小不同，而是地面对双方的最大静摩擦力不等。

教学环节五：拓展与迁移（情境主线＋活动主线）。

教师展示：风扇小车的开放性问题。利用牛顿第三定律，有人设计了一种交通工具，在平板车上装了一个电风扇，风扇运转时吹出的风全部打到竖直固定在小车中间的风帆上。请分析，这种设计能使小车运行吗？若不能，请你改动设计，使它能运动。如图 5-3 所示。

图 5-3　风扇小车

学生分析其原因，并加以讨论，并思考怎样改动风扇，可以使小车运动。教师结合学生的回答进一步拓展，若将扇叶改为向下吹，则可以得到飞机的模型。若去掉挡板，放在水里就是轮船的模型，进一步拓展到火箭。

设计意图：先从生活中提取物理规律，再把物理规律应用于生活，然后将物理规律拓展应用，从而培养学生的创造能力。

三、板书设计

板书设计如图 5-4 所示。

一、物体间力的作用总是相互的
二、牛顿第三定律
1. 内容：两物体之间的作用力与反作用力总是大小相等，方向相反，作用在一条直线上。
2. 公式：$F=$
3. 特点：等大，反向，共线，异物，同时，同性。
相互作用力与平衡力的区别和联系。

图 5-4　板书设计

四、点评

新一轮课程改革中物理课程标准提出的重要课程理念是探究式学习，其目的是改变学生的学习方式、学习思维，突出学生的主体地位。相对学生而言，学习是成功路上必不可少的途径，其中少不了学生自己的亲身体验，教师不能全部代替。科学探究的过程要先重视物理教学的理念，从重视学习和设计学生体验学习的理念入手，让学生置身于一定的情景中，去经历、体验、感受其中的奥秘。

对于牛顿第三定律初中学生都接触过，只是没有深入探讨研究。就牛顿第三定律的规律类型而言，它是属于实验规律，掌握规律的最好办法就是在实践过程中探索，因此，本节课重点是突出开展实验探究式教学，探究过程选用电子秤，从质量变化得到物体间相互作用力的关系，打破传统教材。通过提供多种实验仪器，让学生自主选择，自主设计实验，让学生在观察和体验中，由浅层学习转向深度探究，从定性研究转向定量研究。从固体与固体间相互作用力的探究拓展到不同物态间、不同运动状态下相互作用力的探究，逐步深入，从比较的角度进行分层探究，很好地突破难点，最后引导学生思考讨论，逐步培养科学思维，形成准确的牛顿第三定律的物理观念，培养学生严谨的科学态度，学会面临挑战勇于担当责任，提升学生物理学科的素养。从效果来看，学生能够很好地接受，从教学手段上看，主要通过情境→问题→实验→探究→迁移的教学模式，在循序渐进中，从激发兴趣→优化兴趣→稳定兴趣→强化兴趣，变"苦学"为"乐学"，使课堂氛围愈发轻松，优化设计情境，最大限度地开发学生的智力。教师使用创造性的方式处理教材，从而将课文中的陈述性内容进行提取，概括教育素材，同时使用分层教学目标，将学生放在研究者和探索者的位置，使学生在思考后能够通过活动获取知识。学生积极参与教学，让学生应用已有的认知结构进行分析、选择，判断不同的信息，同时构建信息分析系统。学生会主动地寻找问题，提出问题，解决问题，不断培养开拓精神。

第三节 高中物理规律教学设计案例

以人教版第七章第二节"万有引力定律"为例进行分析。

一、教学时间

教学时间为 40 分钟。

二、教学对象

教学对象为高中一年级学生。

三、教学内容分析

新课标下对于本堂课需要学生使用事实发现万有引力定律的过程，了解万有引力定律，同时也要对万有引力定律的作用有着正确的了解。本节内容作为推导上一级太阳与行星间引力的一种推论，也就是由天体运动推广到地面上的不同物体运动，同时也是下一节万有引力理论应用在天文学上学习的基础。本节内容的重点是让学生能够梳理万有引力定律的思路以及流程，理解万有引力定律的表达公式，得出万有引力定律的意义，明确不同物体间万有引力的作用。

本节课程的难点是理解物体间的距离，需要让学生理解科学思维教育以及科学态度和责任等相关内容，让学生对科学研究有着正确的了解，按照内容进行分析、推理、假设、检验，同时让学生的推理能力、概括能力、归纳能力、总结能力得到进一步提升。通过学习本节课程，使学生能够向科学家学习，对待学习一丝不苟，勇往直前，有着坚持不懈的精神，使学生能拥有良好的学习习惯，对科学定律有着正确的认知，对探索人类今后的世界也能够有着更多的兴趣。分析上述课标要求教材内容做出如下处理：

首先要分析太阳和行星间引力的优势，按照类比的方式猜想、假设平方反比关系的作用力，同时进行推广和检验，引导学生分析科学研究活动，以事实为依据进行分析、推理，实施假设认证。

其次按照月 - 地检验培养学生的探究思维。学生能够提出疑问、猜想、假设，分析理论内容进行实验观察，从而验证结论。

再次根据学习物理规律的方法学习万有引力定律。对于万有引力定律的理解与内容表达公式是本节课的重点内容，而学生理解万有引力以及物体间的规律是本节课的难点。

最后补充万有引力实验原理，同时测量引力常量，探究万有引力定律时间差的物理测试，让学生能够探究物体间万有引力，让学生认识到在学习过程中学生相互协作，让学生养成团队协作精神。

四、学生情况分析

（一）学生的知识基础

学生在前面的学习过程中已经具备了一定的知识积累和生活阅历，同时学习了"圆周运动"、牛顿运动定律和"开普勒行星运动定律"等知识，在通过科学探究后，获取太阳和行星间引力特征的知识，学生已掌握万有引力定力的相关知识，同时具备基本能力。从知识自身来说，学生学习此节课知识比较容易。

（二）学生的心理特点

高一年级的学生具有很强的好奇心，其积极性、主动性、接受能力较强，具有分析问题的能力。所以在教学中，教师应设置适当的情境问题引导学生思考并理解新规律。

（三）学生的认知困难

此节课内容要按照类比事实猜想"平方反比关系"存在的作用力，同时进行推广假设，但是学生的逻辑分析能力与探究思维能力有限。

因此，在教学过程中要以学生的前概念为切入点，通过多媒体辅助教学，让学生逐步简化问题，从而更好地理解。

五、教学目标

1. 物理观念

任何物体间均有万有引力存在，并且遵循一样的规律，因此要理解万有引力的表达公式、适用范围、内容，掌握万有引力定律的意义，加强建构运动和相互作用的关联。

2. 科学思维

重现万有引力定律的推导思路和过程；结合"月-地检验"，经历思维程序"提出问题→猜想与假设→理论分析→实验观察→验证结论"，培养学生的探究思维。

3. 科学探究

认识科学研究中基于事实和分析推理的猜测、假设和检验的作用和必要性，让学生能够养成推理能力、概括能力和总结能力、研究能力，掌握主要矛盾，优化问题，培养解决问题的能力。

4. 科学态度与责任

①学生需要向科学家学习，养成谦逊美德，培养良好的学习习惯以及探究的思维品格。

②让学生能够遵循客观事实，通过现象看待事实本质，同时了解科学定律，不断探索未知世界。

六、教学重点

①月-地检验的推导过程。
②万有引力定律的内容及表达式。

七、教学难点

①对万有引力定律的理解。
②使学生能把地面上的物体所受重力与月地之间存在的引力是同性质的力联系起来。

八、教学策略设计

在教学指导思想上，我们始终坚持"以教师为引导，以学生为中心"的理念，教师要创设相关问题情境，同时进行设问指导，使学生综合自己的基础知识探究"万有引力定律形成的过程"。

1.教学方法

综合阅读思考、猜想假设、分析推理、事实验证、归纳总结、讨论交流、练习巩固等不同的教学方式，在设计教学的过程中，要以学生学习天体感性知识为出发点，将学生已有知识和观察能力作为前提，将问题作为主线。

2.教学媒体设计

以多媒体课件为载体，充分利用图片、动画，让学生从生活的现象出发，给学生提供丰富的感性材料，帮助学生建立万有引力定律的规律。

3.学法指导

在学习方法上，让学生自主地尝试建立新的物理规律，通过"提出问题→猜想和假设→理论分析→实验观察→结论验证"，让学生获得知识后学习研究物理学的相关方式，用科学的思维方法进行训练，探索情感态度和价值观教育的精神。

九、教学流程图

教学流程如图 5-5 所示。

图 5-5　"万有引力定律"教学流程

十、教学过程

教学过程见表 5-1。

表 5-1　"万有引力定律"教学过程

教学环节	情境素材	教与学活动	设计意图	核心素养
一、复习提问，导入新课	展示太阳与行星的图片	师提出问题 1：我们上节课学习了两个问题：一是追寻牛顿的足迹学习了行星运动的动力学问题，找到了太阳与行星间引力的规律，谁能回答一下其具体内容呢？ 生：行星受到了太阳对它的引力作用，才不会飞离太阳，而是按照开普勒发现的三个规律绕太阳运动	回忆性问题的设置，引导学生提取新课相关概念、技能，为建构新知识体系做内容铺垫	1. 运动与相互作用观； 2. 类比科学思维； 3. 知识迁移能力

续表

教学环节	情境素材	教与学活动	设计意图	核心素养
一、复习提问，导入新课	展示卫星绕行星的图片	师提出问题2：太阳与行星间的引力规律是否适用于卫星绕行星的运动。思考该问题的探究思维程序如何呢？ 生：提出问题→猜想与假设→理论分析→实验观察→验证结论	引导学生复习上节课的内容"说一说"和相应的探究思维程序，为构建新知识体系做方法、思维铺垫	
	多媒体出示阅读提纲	师提出问题3：天体间引力规律是否具有普遍性呢？地面物体与天体间的相互作用力也有同样的"平方反比关系"的规律吗？ 生：利用阅读提纲阅读课文体会牛顿当年是怎样思考这个问题的	引导学生思考提出"天体间引力规律的普遍性"的新问题从而导入新课	1. 运动与相互作用观； 2. 类比科学思维； 3. 知识迁移能力
二、新课教学环节1：天体间引力规律的普遍性——科学推理，萌发猜想	1. 塑料制成且内部空心的苹果 2. 行星绕太阳运动的动画，月球在地球引力作用下运动及受力的动画	生：演示塑料苹果置于某位学生头顶不远处，静止释放。 师：播放动画。提出问题：使苹果下落的力、月球绕地球运动力与太阳对行星的引力是同一种性质的力吗？遵循相同的规律吗？ 生：（猜想与假设）它们是同一种性质的力，遵循相同的规律。 师：很好，科学离不开事实，这个想法的正确性要由事实来验证	创设"苹果砸头"情境，引起学生的好奇心，激发学生的学习热情，引导学生重走牛顿发现万有引力定律之路	1. 运动与相互作用观； 2. 科学思维； 3. 探究思维能力和逻辑分析能力； 4. 合作与沟通的自主发展的科学态度与责任
环节2：月地间的引力与地球吸引物体的力相同——月-地检验，验证猜想	1. 多媒体出示阅读提纲 2. 月地各种数据	师：牛顿为了验证这个想法的正确性，做了"月-地检验"。请同学们阅读教材，然后分析检验的思路。 生：分组讨论、形成验证思路并交流。 师：根据以上分析，我们可以得出什么结论？ 生：猜想成立，它们是同一种性质的力	学生亲历理论分析验证猜想的探究思维过程，通过学生定量计算，用无可辩驳的事实证明猜想的正确性，增强学生的理性认识。	

续表

教学环节	情境素材	教与学活动	设计意图	核心素养
环节3:任意物体间的吸引都有平方反比的关系——解放思想,大胆推广	阅读教材	师:如果我们的思想可以更解放一些,是否任意的两个物体之间也有这种力,也遵循相同的规律? 师:这个假设果真正确的话,我们可以大胆地把上面的结论推广到宇宙中的一切物体之间。牛顿就这样地将之推广了,于是就有了具有划时代的万有引力定律的问世	启发学生更大胆地猜想,更接近物理规律的本质。在教师设问中引导学生自主阅读教材,做到有的放矢,自主学习,引导学生回答问题,增强学生的科学表达能力	1. 运动与互相作用观; 2. 科学思维; 3. 理性严谨的世界观; 4. 科学表达能力
环节4:万有引力定律——天地统一,"发现"万有引力定律	万有引力定律各项内容PPT	师:按学习物理规律的常规方法进行,引导学生分析得出万有引力定律各项板书内容。 生:阅读讨论、交流、理解	让学生体会:物理学许多重大理论的发现,不是简单的实验总结,它需要直觉和想象力、大胆的猜想和假设,再引入合理的模型,常常是一个充满曲折和艰辛的过程	猜想、假设科学思维
环节5:扭秤装置巧改引力常量被测出才发明才发现与天天借鉴	展示卡文迪许扭秤实验动画	师:牛顿发现了万有引力定律,却没有给出引力恒量的数值。由于一般物体间的引力非常小,用实验测定极其困难。直到100多年之后,才由英国的卡文迪许用精巧的扭秤测出。 动画(教材中没有,补充给学生)介绍构造、实验过程,引导学生一起分析原理。 生:思考问题: 1. 试比较卡文迪许测定引力常量的值和现代引力常量 G。并尝试说明卡文迪许在测 G 值时巧妙在哪里?	1. 通过动画展示和教师讲解,在教师设问下,组织学生进行讨论和分析,使学生体会到卡文迪许扭秤实验精巧的方法,同时锻炼学生的信息处理能力	1. 光学放大科学思维; 2. 对事物的认识是持续发展的; 3. 互相协作、互相借鉴的科学态度

教学环节	情境素材	教与学活动	设计意图	核心素养
环节5：扭秤装置巧改造，引力常量被测出——天才发明与天才借鉴	展示卡文迪许扭秤实验动画	2. 这种巧妙之处还在哪儿学过？ 3. 引力常量的测定有何实际意义？ 师生：1. 卡迪文许测定引力恒量比较精确。巧妙之处是其用到光学放大法。 2. 学习弹力时，曾经也用到光学放大法，用来观察微小的形变。 3. 用实验方法进一步证明了万有引力定律的普适性；同时使得包括计算星体质量在内的关于万有引力定律的定量计算成为课程	2. 结合"天才发明与天才借鉴"物理学史讲解，让学生体会在学习中互相协作、互相借鉴也是具有重要意义的	
三、规律应用	课件展示练习	师：学生先进行练习，教师再总结要点。 生：学生练习，再互相讨论得出的答案，互相纠错	及时做练习，让学生体会亲自推出万有引力定律的成就感，并及时巩固对万有引力定律的理解	1. 运动与相互作用观； 2. 科学探究科学思维
四、课堂小结	板书、PPT小结	师：今天，我们从太阳与行星间引力的作用出发，根据类比事实分析了"平方反比关系"的作用力，重现万有引力定律的发现过程。请同学们互相讨论总结这节课有什么收获？ 提问：通过学习这节课有什么收获？ 生：学生自主讨论学习收获	让学生体会：物理学许多重大理论的发现，不是简单的实验总结，它需要直觉和想象力、大胆的猜想和假设，再引入合理的模型，常常是一个充满曲折和艰辛的过程	1. 理性严谨的世界观； 2. 科学表达能力

十一、板书设计

板书设计如图 5-6。

万有引力定律

1. 天体间引力规律的普遍性——科学推理，萌发猜想

2. 月地间引力与地球吸引物体的力相同——月 - 地检验，验证猜想；

3. 任意物体间的吸引都有平方反比的关系——解放思想，大胆推广；

4. 万有引力定律——天地统一，得出万有引力定律

（1）内容：自然界中任何两个物体都相互吸引，引力的大小与物体的质量 m_1 和 m_2 的乘积成正比，与它们之间距离 r 的二次方成反比。

（2）公式：$F = G\dfrac{m_1 m_2}{r^2}$

（3）单位：质量（kg）、距离（m）、力（N）。

（4）比例系数 G 叫作引力常量，普遍适用。

（5）距离的确定：

①可视为质点的物体，则为质点间的距离；

②对均质球体则是两个球心间的距离。

（6）意义：

①对物理学、天文学的发展具有深远的影响；

②它把地面上物体运动的规律和天体运动的规律统一起来了；

③促进了科学文化的发展，解放了人们的思想。

5. 扭秤装置巧改造，引力常量被测出——天才发明与天才借鉴

图 5-6　板书设计

第六章　高中物理实验教学设计与案例分析

在自然科学中，高中物理占据重要地位，高中物理属于高中阶段教学中的一门重要的课程。对于物理教学来说，仅仅具备理论知识还不够，还必须在教学中加入实验内容，实验教学的实施也是高中物理课程改革的重要环节，通过对实验理论以及方法、技能的深入学习，能够提升学生的实验素养以及学习兴趣，培养学生的创新意识，使学生形成严谨、实事求是的科学态度，增强其实践能力。

第一节　高中物理实验教学概述

一、高中物理实验教学的含义

高中物理实验教学是从实验中探索物质世界和自然活动规律的教学模式。它是为了教学目的所设计的实验，因此要结合教学实际需求安排物理实验，确保在集中的时间内，引导学生研究物理实验所发生的变化，并且测量必要的数据，对实验结果进行分析和计量，确保学生在教师的指引下能够合理使用科学的方法，排除非必要因素，使学生能够在正确的物理实验道路上前进。高中物理实验教学以实验为基础，因此教师要让学生从实验的角度出发，培养学生的科学思维与探究能力、物理观念、科学态度。物理实验是创设情境的重要手段，实验提供了丰富的感性材料，通过实验引起学生的兴趣，调动学习的积极性和主动性，使学生在实验中认真观察，提高动手能力，发展思维能力，养成严格的科学态度和科学作风。

教师进行演示实验的目的是揭示物理现象，研究问题的发生和发展过程，引导学生观察和思考，是物理教学中最具活力的部分。演示实验的主要功能是建立和解释概念，验证规律，激发学生积极思考，让学生将抽象的概念简单化和直接化，帮助学生建立物理现象和概念之间的联系。教师要带领学生探索未知世界所隐藏的秘密，同时进行观察和思考。演示实验能够将抽象的内容具体化，将枯燥的内容生动化，将普通的内容神奇化，当教师进行演示实验时需要遵守稳定性、目的性、科学性等原则。下面介绍三个实例进行分析。

例1：学习磁场时，磁体周围的磁感线是物理学家法拉第最先提出并引入的，这种方法化抽象为形象。在一般的教材上，是将铁粉末撒在纸板上，下边放一个磁铁，轻轻振动纸板，铁粉末模拟出了磁感线，但这是静态的、平面的展示方法。教师可以采用一种动态的方式进行展示，可以把一个磁铁悬挂起来，把磁铁下边纸板上的铁粉向上弹起，用摄像机把这个过程录制下来，然后用多媒体在屏幕上慢放出来，就呈现出铁粉末在磁铁周围的立体磁感线分布了。

例2：学习认识安培力和探究通电导线之间的作用力时，为了让学生提高感性认识，创造真实的物理情境，设计实验进行演示。教师可以选择铝箔和导线作为实验工具，将导线自然下垂，两端通直流电，可以非常明显地看到并行的铝箔因受安培力相斥分开。

学生实验是教师根据课程标准设计实验内容，系统地培养学生的实验技能和实验习惯的一种教学方法。学生开展实验操作需要教师按照课程标准设计实验内容，从而训练学生，使其形成实验习惯和技能。教师在学生开展实验时，需要实施有效指导，让学生能够进行独立操作，通过查看实验现象获得实验数据，最后得出实验结论。因此若是想要培养学生的实验态度和实验能力，需要让学生开展实验，这也是科研启蒙的有效方式，能够让学生的创造性思维得到发展。

例3：测量金属丝的电阻率。

该实验要求学生有明确的实验目的、实验原理和方法，认真记录数据，最终处理数据，得到实验结果轻实验操作上要求细致，例如在操作上为避免金属丝发热温度明显升高，实验中注意电流不能过大，通电时间不宜过长。要求学生知道刻度尺、千分尺、电流表、电压表等仪器的使用方法和注意事项，要求学生注意观察，按照精确度准确读出数据并记录。学生亲自做实验，可以从失败与成功、得与失的体验中养成严谨的科学态度、实事求是的科学精神和责任感。

二、高中物理实验教学遵循的原则

高中物理实验教学要遵从一些原则才能达到想要的效果。

（一）科学性原则

物理实验要能正确地展示物理现象、物理规律，必须有深入的理论分析，全面考察各种误差带来的影响。比如用平抛运动验证动量守恒定律，小球滚动过程中自身的转动对实验带来的影响还是比较大的，所以设计实验一般不采用这种方案。

（二）可视性原则

实验演示必须让所有学生看得清楚，教具要大，摆放位置要高，光照充分，有必要的板书说明。比如做电磁感应时，如果电表比较小，指针就更难以看清楚，这时候就需要用大的电表或者用可发光的二极管替代等。

（三）简捷性原则

实验设计重要的地方一定要让学生一看就很容易理解，实验装置不要太复杂。比如在讲解共振现象时，避免采用声波或者光，最好采用机械共振，用看得见的事物来解释，比如用水波演示说明。

（四）稳定性原则

物理实验很多时候不是一次性演示，具有可重复性。如果重复操作时不成功或者误差较大，学生会对物理实验产生怀疑，教师务必掌握一定的技巧和技术，选择可供重复使用且都不易出现较大误差的装置。

（五）规范性原则

不管是学生做实验还是教师做实验，必须按照规范的步骤和要求操作。比如实验仪器介绍、实验装置介绍、实验操作过程、实验现象观察、实验结论、实验误差分析。这些步骤如果紊乱，就不利于获得良好的实验效果，也不利于物理核心素养的培养。

（六）安全性原则

安全是实验重要的指标，不可防的或者有严重安全隐患的实验是不能做的。比如超过安全电压的实验必须有全方位的安全防护等。

三、高中物理实验的意义

学生必做实验见表 6-1 和表 6-2。这些物理实验大致可分为探究性实验和验证性实验两大类。探究性实验是一种重要的实验类型，可以让学生经历科学探究的过程，体验并掌握一定的科学研究的方法。探究性实验又分为以教师设计为主和以学生设计为主两类。以教师设计为主的实验指由教师提出问题，教师设计实验方案，学生操作、观察探索，共同分析得出实验结论。以学生设计为主的实验指在课堂教学中，由教师或者学生提出问题，让学生自行制订实验计划，设计实验方案，选择实验器材，动手操作，收集并处理数据，进一步归纳得出结论。这类实验可以促进学生开动脑筋、灵活运用所学知识，对于发展学生的实验能力和创新思维有着重要的作用。

表 6-1　必修课程的物理实验

必修课程	物理实验
必修 1	1. 测量做直线运动物体的瞬时速度
	2. 探究弹簧弹力与形变量的关系
	3. 探究两个互成角度的力的合成规律
	4. 探究加速度与物理受力、物体质量的关系
必修 2	5. 验证机械能守恒定律
	6. 探究平抛运动的特点
	7. 探究向心力大小与半径、角速度、质量的关系
必须 3	8. 观察电容器的充、放电
	9. 长度的测量及其测量工具的选用
	10. 测量金属丝的电阻率
	11. 用多用电表测量电学中的物理量
	12. 测量电源的电动势和内阻

表 6-2　选择性必修课程的物理实验

选择性必修课程	物理实验
选择性必修 1	1. 验证动量守恒定律
	2. 用单摆测量重力加速度的大小
	3. 测量玻璃的折射率
	4. 用双缝干涉实验测量光的波长
选择性必修 2	5. 探究影响感应电流方向的因素
	6. 探究变压器原、副线圈电压与匝数的关系
	7. 利用传感器制作简单的自动控制装置
选择性必修 3	8. 用油膜法估测油酸分子的大小
	9. 探究等温情况下一定质量气体压强与体积的关系

验证性实验包含四项流程，分别是问题、假说、验证以及结论，能够让学生在验证性实验中养成发现问题能力、想象能力、归纳推理能力、类比推理能力、假说能力以及综合分析验证结果的能力，由此可知，验证性实验可以使学生接受完整且科学的训练方式。

高中教师在完成上述必做实验后，开始授课时可在课堂导入较多的"非常规"实验，这些"非常规"实验指的是选择有目的的、可使用的实验室以外的存在物来开展物理实验的教学活动，突出体验性、趣味性、自创性、生活性。其特征是材料获得容易、实施便利、有亲近感和新奇感、方式多种多样、结构简单等。课程标准中指出，实验课程资源包含了实验室仪器、设备，同时废旧材料和生活用品也可被看作实验室主要的资源，利用好资源使得实验现象更直观和显著。也可使用材料创新物理实验，保证开发出的物理实验质量高、成本低，让学生能够动手参与实验，亲身展示实验，从而培养学生的创新能力、实践能力、实验技能。

物理实验能使物理课堂充满趣味，教师开展声情并茂的讲解能够活跃氛围，使学生对物理有喜爱之情，对物理实验现象有更多的兴趣。只有优化实验室建设，才能够培养学生的实验能力，让学生得到更好的发展。因此要加大建设实验室的力度，并配备相关硬件设施。在物理知识的学习中，实验是重要的流程，能够让学生养成物理学科素养。物理实验室也是学生探究物理规律的场所，让学生的实验能力得以提升。学校要按照学生人数以及国家标准设置实验教室，同时要为实验教室配备数量充足的实验器材，若是条件允许，可优化物理实验器材的配备等级，合理应用实验器材，培养学生的实验能力，让学生开展演示实验。教师可使用物理实验来让学生直观地学习物理知识，教师使用实验室是检验学生学习物理实践知识的最佳方式，通过动手操作、观察数据、分析数据等方式，从不同角度全面培养学生的探究能力。

实验是学生学习物理的最佳方式，其他方式无法取代。实验教师要按照课程的标准安排学生参与实验，生生可以合作探究物理问题，使用演示实验的方式，此种方式有着较强的实验性。教师要通过不同器材来创新实验，从而开发出更多具有可视性的演示实验，培养学生的学习兴趣。教师要为学生创造条件，鼓励学生利用课余时间设计问题，从而探究实验；鼓励学生参与课外的实验研究，使用生活用品开发新实验或者改进实验。

教师需要重视数字实验，创新实验的方式。数字实验系统通过传感器与数据采集器来收集实验数据，应用计算机软件探究实验数据，从而获取实验的结果。此种实验流程具有现代化的特征，数字实验系统根据教育信息化发展的需求培养学生的创新能力。数字实验系统能够推动实验顺利地开展，提升实验的精准度，因此若是学校具备充足的资金可以为学生构建数字化实验室，也可为教师引进数字实验系统，让教师开展演示工作。学校需要培养教师改进数字实验系统的能力，让教师可以改进传统实验，保证教师能够实施现代化的教学方式和手段。

四、高中物理实验教学的新趋势

近年来，物理实验从内容到形式都发生了较大的变化，呈现出以下变化趋势。

（一）微型化

与常规实验相比，微型化实验具有仪器简单、材料少、省时省力、现象明显等特点。微型实验设备来源广，学生在实验时要保证人手一套。在实验课堂上，学生不仅培养了实践能力，培养了创新思维，而且通过自制仪器和手工实验增强了自信心和成就感，强烈的参与意识和微型实验的内在魅力极大地激发了学生对物理实验的兴趣。

微型实验是由生活总结而来的，也被应用在生活中，能够调动学生学习物理知识的积极性，提高物理课堂的教学质量。

（二）趣味化

众所周知，物理实验具有激发学生学习物理的动力作用，能够激发学生学习物理的兴趣。人们创造了一种新的物理实验形式——"趣味性实验"，并注重对已有实践的积累、总结和梳理，使趣味性实验系列化、多样化。

（三）生活化

现代社会的文明进程与物理学的发展密切相关，人们生活在物理世界中。因此，贴近生活、贴近社会已成为中学物理实验教学改革的出发点和归宿。为此，人们创造了一些新的物理实验形式，如"生活中的物理实验""家庭实验"等，使学生认识到物理科学对个人和社会的作用和价值，在不知不觉中对学生进行"科学生活"和"生活中的科学"教育。

五、物理实验教学功能的再认识

高中物理实验教学功能的再认识是对原高中物理实验的地位作用进行分析，同时在新形势下有着更多的认识。在高中物理实验中，其教学功能随着时间的推移不断深化，加速物理教育发展的步伐。物理实验具有以下功能：

（一）培养学生的学习兴趣

教师为学生开展的演示实验要具有趣味性、新奇性，从而调动学生的好奇心，让学生能够产生学习的积极性。例如，将气球压在钉子上，使压力的作用效果实验奇妙有趣，调动学生学习，培养学生学习的兴趣。

（二）提供感性素材

使用实验来揭示物理变化的现象，尤其是学生日常生活中无法见到或与学生认知不同的物理现象，从而获取丰富的感性材料，为构建概念提供保障。

（三）体验过程

在当代学习方式中，体验学习是首选方式。开展实验探究，能够让学生进行动手实践，因此在实践中，体验学习是解决问题的新教学策略，让学生通过自主探究来了解物理现象，丰富学生的学习经验，让学生能够学习到探究问题和分析问题的不同方式，从而更加尊重事实，探索真理，形成良好的科学态度。只有学生反复经历探索的过程，才能够掌握科学的方式。实验是培养学生能力的一种指导方式，实验能够让学生养成实验操作能力、观察能力、实践能力等多种能力。

（四）学会合作

交流与合作有着重要的作用，物理实验能够加强师生间、学生间的合作交流。物理实验教学方式多样，有着多种辅助工具。物理教师在开展物理实验时，需要开展素质教学和技能教学，丰富的学习知识。由此可知，物理实验需要体现教学质量评估和教学目标，同时落实在教学各环节中。

（五）接触科学

接触科学指的是在物理教学中，让学生学习科学，亲自探索科学的原理。物理课堂上，学生在教师的指导下探究，获得知识，这也是让学生接触科学的一种体现方式。

（六）培养科学精神

实验是研究科学的最佳方式，因此学生要实事求是，有着科学的态度，尊重客观事实与实验数据，不可出现弄虚作假的行为。在实验中也要让学生，不畏惧挫折，追求科学精神。学生在科学探究中要有着严肃认真、实事求是的态度，同时也要遵守客观规律。

六、物理实验与核心素养

（一）物理实验与物理观念

物理实验是物理知识的载体，可以突出学生使用创造力解决问题和设计的过程。物理观念素养含有能量观念、物质观念、运动和作用观念，课程标准要求让学生从物质观念、能量观念等角度思考问题，从而清晰地学习物理概念，更好地解决问题，让学生养成物理观念。

【案例 6.1】2015 年高考新课标全国卷 1 卷物理试题第 19 题

1824 年，法国科学家阿拉果完成了著名的"圆盘实验"。实验中将一铜圆盘水平放置，在其中心正上方用柔软细线悬挂一枚可以自由旋转的磁针，如图 1 所示。实验中发现，当圆盘在磁针的磁场中绕过圆盘中心的竖直轴旋转时，磁针也随着一起转动起来，但略有滞后。下列说法正确的是（　　　）。

A. 圆盘上产生了感应电动势

B. 圆盘内的涡电流产生的磁场导致磁针转动

C. 在圆盘转动的过程中，磁针的磁场穿过整个圆盘的磁通量发生了变化

D. 圆盘中的自由电子随圆盘一起运动形成电流，此电流产生的磁场导致磁针转动

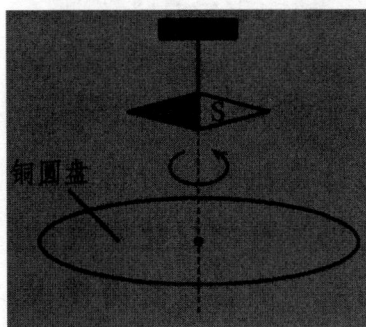

图 1　圆盘实验

【点评】

阿拉果的"圆盘实验"是由阿拉果和德国物理学家冯·洪堡于 1822 年在英国格林尼治的一座小山上测量地球磁场强度时完成的。放置在铜基座上的振荡磁针比放置在弧形直立位置的磁针衰减振动幅度的速度更快。他考虑是否存在反向效应，即旋转的铜盘可以驱动附近的磁针旋转，而实验证明确实存在这种效应，这一发现在物理学史上被称为"阿拉果铜板盘实验"。阿拉果因发现此种现象于 1825 年得到英国皇家学会科普刊奖，同时将此盘命名为阿拉果盘。

这个物理实验演示效果非常明显，静止的磁针和铜盘没有相互作用，体现了运动的观念；铜盘或者磁针转动后，磁针和圆盘之间是通过场这种物质相互作用的，后来法拉第总结产生电磁感应的条件；这种相互作用，也是能量的转移和转化，体现了能量的转化和守恒定律。通过"圆盘实验"，学生的物理观念得到很好的培养。

【案例 6.2】牛顿第二定律的应用：超重与失重的实验演示

如图 2 所示，在一个开口塑料瓶的下部侧壁用图钉打几个小孔，在瓶内加水之后，发现不断有水从小孔中流出，让瓶子做自由落体运动，观察其在下落过程中，小孔中是否有水流出。

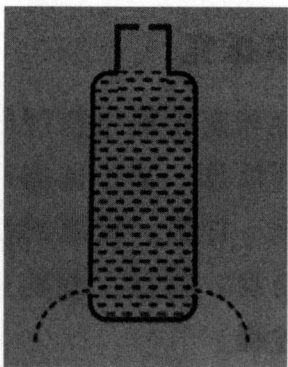

图 2　超重与失重的实验演示

通过演示实验，学生清晰地观察到瓶子自由落体过程中，小孔中的水不再流出。说明水对底部没有相互作用力，有利于学生掌握完全失重的概念，建立正确的运动观。

（二）物理实验与科学思维

科学思维素养含有科学论证、科学推理、创新、提问等，物理学作为一项实验科学课程，它也是遵守逻辑推理和理想的科学。研究物理学的特征是使用定量实验与逻辑思维分析来展示自然界中客观规律和不同现象间存在的内在关联，此过程便是思维过程，推动着思维发展和进步。

【案例 6.3】探究匀变速直线运动实验

生活中比较常见的匀变速直线运动的例子是自由落体，最早伽利略也是从自由落体运动开始研究匀变速直线运动的。实验探究，不同于一般的生活现象，它需要比较精细的研究，舍弃次要因素，抓住主要因素，建立的概念模型就叫物理模型。构建物理模型是一种研究物理问题的科学的思维方法。

实验方案采用运动的小车，带动通过打点计数器的纸带，用描点作图法，以横坐标轴表示时间，以纵坐标轴表示速度，得到一条直线，结合数学分析，得到速度与时间的函数表达式，符合匀变速直线运动的定义。

实验中的模型建构、方案设计、过程推理分析、描点作图分析、函数图像分析等过程，就是学生科学思维活动的过程。这一过程中学生经历了实验推理论证、结论分析、误差的处理等，科学思维的品质得到了发展。

（三）物理实验与科学探究

科学探究是在观察和实验的基础上提出物理问题，形成猜想和假设，设计实验和制订计划，获取和处理信息，根据证据得出结论和做出解释，以及交流、评价和反思科学探究的过程和结果的能力。物理实验过程属于科学探究的过程，包含了发现问题以及解决问题等内容。

【案例 6.4】探究牛顿第一定律实验

亚里士多德认为，一个力必须施加在一个物体上才能使其移动，而如果没有力的作用，该物体必须处于静止状态。生活中存在多种与其照应的生活现象，直到近 400 年前，伽利略才创造出揭示现象本质的有效方法。

伽利略演示斜面实验说明了力与运动的关系。教学中要根据生活现象设置问题情境，引导学生学习探究，培养学生科学探究的素养。比如可以设置如下探究性问题：

（1）物体的运动需要力来维持吗？

（2）你做出猜想的依据是什么？

（3）你如何证明你的猜想？应该设计什么实验？

【案例 6.5】磁场

作为一种物理场，磁场是看不见、摸不着但又客观存在的特殊物质。它是磁性相互作用的媒介，有点神秘但却实实在在影响着我们的生活。学习磁场，可以按下面的设计来进行。

（1）磁体之间或者磁体与铁质物体之间不直接接触就产生相互作用的原因。

（2）学生做出猜想，先想象，做出自己的理解。

（3）如何证明磁场这种物质的存在，即场的基本特点是什么？

（4）实验：进行演示实验来证实。

（5）讨论交流如何描述磁场。

（6）实验设计：用铁粉模拟磁场的特点。

（7）讨论得出磁场的特点及规律。

（四）物理实验和科学态度与责任

科学态度与责任包含了科学本质、科学态度和社会责任。因此在实验过程中，学生受到探索精神、实事求是客观精神和理性分析精神的指导。科学精神不仅对科学研究具有重要意义，同时应用在日常生活和社会生产中均具有价值。这也需要人们在生活与工作中，遵守客观规律，能够严谨、认真、实事求是，从而提升工作效率，避免出现错误。

【案例 6.6】探究两个互成角度的力的合成规律实验

实验常用的器材与实验的特点：

（1）实验器材：方木板一块、白纸、弹簧测力计（细绳套、三角板、刻度尺、图钉、铅笔等。

（2）实验需要 2～3 人合作完成。

（3）实验时，两个分力的夹角太大或者太小都很不利于操作和验证。

（4）实验时，两个分力的大小太大或者太小也不利于验证。

（5）作图比例不恰当造成作图误差，如标度太大等。

（6）本实验，需要学生严谨细致地操作，一丝不苟，否则误差比较大。本实验需要多人合作才能完成，且密切配合，在合作中，要相互尊重、鼓励、真诚相待。当实验误差比较大时，要学会尊重事实，认真反思与讨论，找出原因；做实验时两个分力的大小和夹角要适当，学会不走极端，统筹考虑；作图比例恰当，让学生懂得做事情落落大方，美观适当。实验操作完成后，按要求处理图钉、橡皮筋等器材，不能随便丢弃等。平行四边形定则是矢量等效替代的规律，通过实验，能够感悟到人生哲理：当合力一定，分力替代方案有很多；分力大小一定，方向不同，力的合成效果不同，所以同心协力，同心同德，劲往一处使，才能力量大。

随着新课程改革的实施，实验教学遇到了新的问题。现有的物理课程标准没有具体规定哪些知识点需做什么演示实验，哪些知识点需做什么内容的学生实验，以及这些实验需要使用什么仪器，实验的总课时是多少等。这就给教师提出了一系列新课题，如怎样选择实验内容，怎样引导学生进行实验等。

七、高中物理实验中的科学方法

教师在实验教学中，需要为学生讲解实验原理和操作方式等知识，同时也要为学生阐述实验中所包含的科学方式，确保在为学生讲解科学知识的过程中，能够让学生养成科学方法。当下物理实验所应用的科学方法主要是实验验证法与实验归纳法。实验验证法指的是按照经验和知识进行推理、假设、判断，再运用实验验证。实验归纳法是按照研究目的通过人工把控在大量事实中寻找特征，同时获取规律的方式。除此之外，还有以下七种方法。

（一）观察法

在物理实验过程中，学生观察实验现象，参与实验活动，从而调动学习的兴趣，使学生能够养成实事求是的态度以及科学思维。在物理实验中，要保证活动有着计划性、目的性和持久性，才能够使学生获取感性认知。物理观察能力包含五个层次：第一，制订物理观察计划；第二，培养观察物理现象的习惯；第三，学习物理知识，养成观察能力；第四，观察物理过程和现象；第五，在观察物理实验现象中要提出疑问。因此物理观察的流程包含明确观察物理的对象内容，调整观察的方式，做好有关记录，同时要提出疑问。

（二）替代法

替代法指的是在测量中，将难测量的物理量与容易测量的物理量进行交换，使用替代的方式将不可感知的物理现象变得感知，将微小的物理现象变化变成可见度增加的物理现象，将不容易测量的物理现象变成容易测量的物理现象。也可应用替代法来减少实验出现的误差。

（三）模拟法

模拟法作为间接实验法，因物理现象有着复杂性，此种实验技术难度大，无法直接观察和控制，可使用与其相似同时简单操作的实验。

（四）比较法

比较法的特征是通过比较研究得来物理实验中的物理量和物理现象，要通过比较实现变异求同的目的，确保能够打开思路，得到解决问题的方式。

（五）积累法

测量一些微小量使用现有仪器，若是准确度不高，可以通过累积微小量获取平均值，进而减少误差。

（六）控制变量法

实验中有着不同的变化因素，如果想要探究物理量间存在的关系，要先把控一些物理量不变，按照顺序探究影响因素，同时分析出总体关系。

（七）理想方式

在实际的物理现象中，研究对象的外部因素复杂多变，在实验中可忽略次要因素，同时假设理想条件，确保能够突出现象因素，保证能够在实际情况中获得相似的结果。

八、高中物理实验的主要方式

高中物理实验主要有演示实验、边学边实验、学生分组实验和课外实验四种方式。

（一）演示实验

演示实验指的是教师在课堂上为学生进行操作演示或者是让学生作为教师的助手参与实验，又或者是让学生在教师的指引下开展实验操作演示实验，让教师为学生开展示范，从而发挥出表率的作用，让学生能够探究科学知识。

课堂教学的演示实验发挥着重要的作用，比如在引入新课中，需要保证演示实验的有趣性和新奇性，确保能够创设具有生动性的科学情境，让学生具备探究的意识。教师在物理概念和规律的教学中，要和学生商讨制定实验方案，同时为学生提供多种实验素材，让学生能够观察到鲜明的物理实验现象。

教师要为学生展示与学生认知不同的实验现象，调动学生的认知矛盾冲突，使此种冲突变成学生探究的动力。

进行演示实验时有如下要求：

第一，保证可以成功演示。若是想要让学生能够掌握实验的原理，需要为学生成功地演示实验，教师要先掌握原理，抓住实验的关键，为学生成功演示。通常情况下，静电实验困难，这主要是因为实验中使用的玻璃棒和丝绸在摩擦后会让验电器带电，将金箔打开到某一角度时，金箔的外壳电压接近上千伏，此种情况下绝缘的东西便会成为导电材料，让实验出现失败，因此要将漏电问题解决，才能够保证静电实验正常开展。

第二，预测可能出现的影响实验结果的因素。在开展实验前要预测可能出现的影响结果的条件，提前测量容易出现的误差，要为学生说明误差出现的原因，确保学生能够养成实事求是的态度。为了保证能够成功开展演示，在课前要先做好准备工作，不仅要考虑实验的成功性，也要考虑可能出现的实验教学效果。

第三，简单方便。演示实验要保证满足简单性和方便性，例如使用橡皮帽封住注射器的小孔，然后在活塞顶上使用短绳拴住并挂上钩码，适当地增加和减少钩码，便能够取代马德堡半球与抽气机所演示的大气压强。同一个实验，可应用不同的方法开展演示，教师在备课的过程中要按照各学习时期与学习的要求以及学生的学习情况选择实验。

第四，清楚演示实验的过程，要保证班级的全部同学均能够看到实验现象。对于可见度较差的演示，需要使用机械、光电等装置来提高演示的效果。在一些情况下，为了显现出不太明显的区域，也会应用染色措施和背景衬托。

第五，演示仪器应在适当的高度放置，保证全体同学均能够看到。在演示中平面图像需要竖立起来，配合课本插图开展演示。从学生角度可知，放置的仪器要和插图的方向相同。为让学生能够明确物理现象的规律性，需要让学生查看静态现象，并且也要让学生观看现象变化的过程。教师若是想要在教学中发挥出演示实验的作用，就要指导学生进行观察，发散思维。

（二）边学边实验

边学边实验是指一边学习一边实验，在教师的指导下学生能够一边开展实验操作，一边学习教学知识。传统物理课堂上，教师会让学生开展分组实验，从而验证一些定律。比如验证机械守恒定律，这些验证性实验更加看重学生理解物理知识，培养学生使用仪器和处理实验数据的能力。

教师在实验的过程中对教材做出明确规定，如实验目的、器材原理等，让学生根据规程办事，容易导致学生无法感受到探究实验的趣味性和目的性，也无法领会到设计实验的目的。

而边学边实验可以调动学生学习的积极性，让学生在课堂中发挥出主体作用，防止教师在课堂上满堂灌地讲解物理知识，同时能为学生提供更多的机会。学生在探究课堂的过程中，要在教师的引导下开展实验，让学生养成创造能力和思维能力。

在高中物理课堂教学改革中，边学边实验创新了教学方式，此种教学方式的应用能够让学生了解实验仪器，同时通过展现一些实验现象与实验情况，阐述物理概念，使学生使用实验来获取物理规律。

学生在动手开展实验操作时，不会顺利开展，会在实验中遇到各种问题，因此教师需要让学生在课前做好准备工作，设计教学环节，准备教学材料。教师要为学生选择实验难度适当的仪器和适当的内容，确保学生在课堂上合理地开展实验操作。教师也要把控实验时间，具有较强的应变能力，保证教学任务顺利完成。

物理课程教学目标主要是为了让学生能够养成探究能力，各版本下的中学物理教科书在安排内容上均考虑学生探究实验的内容，让学生探究实验后可以学习更多的物理知识，培养探究的能力。在课程改革的教学实践中，理论课教学包含了简单的实验内容，因此教师要引导学生一边开展实验一边学习，这是一种有效的教学方法。

（三）学生分组实验

学生分组实验指的是学生在教师的安排一下，在课堂上开展实验。若是一整节课的时间均用于实验，被称为实验课。教师可将学生划分成多个小组，让学生操作仪器、观察现象、记录数据、处理实验结果。学生在教师的带领下获取物理知识与实验技能，不断激发学习物理的兴趣。

1. 教学目的

学生分组实验包含了四个类型，分别是研究性实验、测定性实验、验证性实验以及技能训练性实验。

研究性实验是让学生按照所研究的问题设计实验，从而明确实验现象，认识实验规律，培养实验的技能。

测定性实验是让学生使用测量的仪器仪表工具，使用间接或直接的方式测量物理量或者是物理常数，让学生能够对物理概念与物理量有着正确的理解。

验证性实验是使用理论方法获取的结论，开展实验验证，便于深刻理解实验知识，同时开展实验技能的操作。

技能训练性实验要求学生掌握仪器使用的方式等技能，保证完成实验任务。学生正确使用仪器测量数据，然后分析数据，处理实验数据，获取结论。最后开展误差计算和分析，填写实验报告。学生按照操作规程开展实验，有助于养成实事求是的科学态度。

2. 主要过程

（1）准备阶段

在实验前要做好准备工作，教师要检查实验器材。开展实验前，教师要引导学生阅读实验材料，使学生能够思考实验的原理，攻破教学难点和重点，制定可行性实验方案，同时为实验做好准备性工作。教师要带领学生复习，使其掌握实验应用的理论知识，让学生能够明确实验目的、实验原理、步骤和方法，懂得仪器使用方式、性能和注意事项。

（2）操作阶段

学生要按照设计的实验方式开展实验操作，此时期学生安装仪器，同时在实验中应用仪器排除实验出现的故障，并且要测量和观看实验数据，记录实验的结果，在结束实验后应整理实验仪器。教师在此期间要加强巡视，使学生按照实验要求开展操作，让学生能够顺利开展实验，减少实验出现的误差。实验操作流程包含安装调试仪器环节、观察记录实验操作环节、拆除实验仪器、整理实验仪器等。

（3）总结时期

学生完成实验操作，要对获取的实验数据进行分析处理，确保能够在总结实验后汇报实验的结果，生成实验报告。教师要让学生养成实事求是和尊重事实的态度，正确地对待实验数据，使学生能够分析影响实验结果的因素，从而讨论实验中的问题。此外，教师不能对讲解的活动过于详细地安排，要为学生创造一个自由的环境，使学生在此环境下动手操作。实验课堂上要让学生拥有更多的主动权，教师需要发挥出引导的作用，使学生能够养成实验能力与探究能力。

（四）课外实验

课外实验指的是根据教师布置的要求，学生在课外使用自制仪器或简单仪器开展实验观察活动。课外实验能够帮助学生扩大知识范围，让学生结合学习的知识分析实际生活中的物理现象，形成独立思考的能力。教师可以设置小实验与小制作的题目，让学生参与实验并认真观察。教师在物理课堂上讲课也要与学生的实际生活结合，安排学生参与物理课外实验活动。

教师布置的学生课外实验要求如下：

第一，方法简单，器材少，效果显著。课外实验要简单，不可过于复杂，实验器材也要简单。

第二，进行因材施教，每个学生的能力存在不同，教师布置课外实验任务要根据课外实验的可操作性以及实验难度，为学生找到符合自身条件的实验课题。

第三，选题内容要有科学性和探索性，使学生通过开展实验能够查看到物理现象，同时解决物理问题，让学生有成就感。

第四，实验过程要有安全性和可靠性，学生开展课外实验所选择的项目要避免出现安全隐患。

第五，课外小制作。物理课外小制作需要学生应用课外时间制作仪器、器具等，在课外实验中，需要学生在自制时有所创新和突破，让学生能够更好地理解学习到的知识，培养学生的创造力、操作能力以及创造性思维。

第六，课外小实验。课外小实验指的是学生在教师的指导下利用课外时间开展的实验活动。此类实验要求让学生独自制订实验计划，同时寻找实验器材，甚至学生也要亲自制作用具，参与实验。探究课外小实验能够让学生对物理概念和规律有着进一步的理解，灵活应用学习到的知识，培养学生的实验技能与工作能力。通过开展课外小实验，学生能够掌握实验原理和目的，同时也能设计实验装置，开展实验操作，进而得出正确的实验结论。

第七，课外科技活动。为了让学生对现代科技有更好的了解，教师要使学生能够积极参与科技活动，并且也要保证课外科技活动的计划性，有着明确的组织形式。

第二节　高中物理实验教学设计策略及案例分析

一、高中物理实验教学设计策略

如何在物理实验教学中落实核心素养教育？"三主线两环节"教学设计模式

提出教学目标素养化、教学过程情境化、师生活动合作化的"三化"教学设计应用策略，具体到物理实验教学设计时，可以采用如下的教学设计策略。

（一）确定教学目标

确定教学目标可采用如下步骤：第一，研读课标，把握课标对本节课核心素养教育的要求；第二，研读教材，理解教材编写思路；第三，合理表述教学目标。

【案例 6.7】"摩擦力"

【教学目标】

1.物理观念

（1）学生分析生活案例，掌握产生静摩擦力的必备条件和滑动摩擦力的必备条件。

（2）学生实施分组实验，找到和动摩擦因素有关的因素，明确滑动摩擦力和最大静摩擦力间的关系。

2.科学思维

学生要明确动摩擦力和静摩擦力的方向，同时计算滑动摩擦力数值，使用二力平衡来判断静摩擦力，同时掌握判断静摩擦力的方法，使用滑动摩擦力公式计算力的数值。

3.科学探究

（1）学生通过实验探究静摩擦力的大小，知道静摩擦力的变化范围及其最大值。

（2）学生通过实验探究影响动摩擦力的因素，得到滑动摩擦力的公式。

4.科学态度与责任

学生在学习过程中了解科学探究的一般规律，严谨认真、实事求是，不迷信权威，能基于证据表达观点；能与同学主动交流，相互尊重，真诚合作；能正确认识科学的本质，增强创新能力，应用并解决实际问题。

【点评】

首先，本节内容为两个课时，第一个课时是滑动摩擦力，第二个课时是静摩擦力，这样才能适应学生的认知实际，在教学过程中方能有时间抓住学生的疑惑，克服难点，进行充分的讨论与引导。其次，摩擦力是属于物体间的相互作用，是一种耗散力，非保守力，性质上目前较多认为是分子力。从功能上说，摩擦力可以作为动力也可以作为阻力，这些都是在进行物理观念启发方面需要考虑到的问题，这样在启发和引导时，选取的情境案例才能具有代表性和科学性。

摩擦力的产生条件充分体现物理观念中的相互作用，物体间的正压力与摩擦力相互垂直，是条件之一，实验过程中让学生合理画出示意图，明确这一点。另一个条件是接触面的粗糙程度，这是一个比较笼统的概括，涉及面比较广，比如学生可能猜想接触面与物体的温度有关等。教师要尊重学生，就要不回避学生提出的问题。教师要科学选用演示实验器材，保证时间上的可持续性，使科学探究有条不紊地进行。教师充分思考课标的要求，方能游刃有余地设计教学过程，把课程素养目标融入教学的各个细节之中。

（二）利用实验创设问题情境

创设以教学目标为导向的问题情境，将实验素材加工成问题情境，有利于学生主动建构知识体系，形成发现问题、解决问题的思维方式。要构建物理概念，需要教师引导学生在观察的基础上重新加工，引导学生对情境中的现象与已有知识之间进行比较、辨析，形成科学的结论。因此利用实验创设的情境时，就要考虑以下几个问题：

①是否能把情境中的一段经历转化为一个物理过程？
②是否能把关于情境的故事转化为某种物理现象？
③是否能把情境的描述转化为物理状态？
④是否能把已知的问题内容转化为相应的物理量？
⑤是否能把情境中需要完成的工作转化为相应的物理要求？

教师在教学中可从这几个方面思考设计，从而把要讨论的问题变得十分灵活而又不离本质，突出教学重点，克服难点。

【案例 6.8】"滑动摩擦力"（探究一）

第一环节：讨论滑动摩擦力的方向

以一个转盘作为实验道具，手压在转盘上边，靠滑动摩擦力带动转盘转动，或者让转盘在电机带动下转动，手压在上边，在滑动摩擦力的作用下，感受到不同的效果。然后以问题的方式讨论滑动摩擦力的方向、作用效果，从而总结判断滑动摩擦力的方向的方法：①与物体相对运动的方向相反；②如果滑动摩擦力的作用效果是动力，则与物体运动方向相同，如果是阻力，则与物体运动方向相反。在教师演示的过程中，其压力的大小与作用效果紧密相连，这与学生已有认知联系紧密。

第二环节：定量探究滑动摩擦力的大小

按照科学探究的步骤：①猜想与哪些因素有关。小组讨论，归纳问题。比如有的学生提出与温度有关，教师需要把这个问题初步归类为接触面的情况。②根据现有的实验器材，分类验证，先验证定性的。③在教师的引导下，学生用弹簧测力计测出物块的重力以及钩码的重力，在探究实验的过程中，教师把知识目标一步一步落实，比如弹簧测力计读数的要求、控制变量的要求等。

在进行实验探究的过程中，教师要落实核心素养，就要认真地设计探究的过程，突出目标主线，在情境中提出问题，紧扣教学目标，将师生活动融入科学探究过程中，培养学生科学探究的习惯。

（三）实验教学中培养学生的科学思维、科学探究素养

科学思维和科学探究素养是一种有效的思辨能力，可以让学生看清事物的本质。培养学生的科学思维，要做到善于设问，激活思维；合作互动，促进推理；评价启发，反思批判。让学习在有序中探究、让实验在思考中进行，从而加深学生对实验现象的认识，引发对生活中物理现象的思考，真正达到提高学生思辨能力与科学推理意识的目的。

【案例 6.9】"滑动摩擦力"（探究二）

本实验采用控制变量法进行探究。

（1）首先精确测量物块和钩码的重力；

（2）当接触面不变的情况下，通过钩码改变物块的质量，用弹簧测力计精确测量得到 6 组测力计示数；

（3）改变接触面的材料，同样通过钩码改变物块的质量，用弹簧测力计精确测量得到 6 组测力计示数；

（4）以横轴表示物块受到的支持力，以纵轴表示物块受到的滑动摩擦力，认真描点作图；

（5）观察分析图像，讨论误差，得出结论。

【点评】

实验需用控制变量法，比较不同材料的接触面的情况，找出摩擦力的规律。学生敏锐地观察，严谨细致地操作并记录，采用数学分析方法，目标清晰，有条不紊地进行概括、推理、归纳，培养科学思维与科学探究素养。

（四）实验教学中培养学生的科学态度与责任素养

物理核心素养的科学态度和责任素养是在认识科学本质和科学、技术、社会与环境关系的基础上，养成对科学技术的正确态度和责任感，同时也含有科学的本质、科学态度和社会责任。

例如在摩擦力的探究实验中，学生在教师的引导下，发现各种各样的问题，端正了学生的科学态度。比如滑动摩擦力的大小，有的学生猜测与接触面积有关，在验证的时候，发现把物块横放与竖放在转盘上，滑动摩擦力是不同的。面对这个问题，教师也没有回避事实，实事求是、科学分析，启发学生讨论交流，使学生认识到采用这两种放置方式虽然改变接触面积了，但是不能做到两个接触面粗糙程度相同，使学生认识到科学本质。学生在讨论交流中，尊重事实，善于分析。在实验导入中，教师可以通过视频介绍摩擦焊等现代技术，使学生得到了极大的鼓舞与启发，促使学生理解科学技术的本质，理解社会需求是科学技术发展的动力。

二、核心素养下"三主线两环节"物理实验教学设计案例

本部分以人教版选择性必修 2 第一章第二节"磁场对运动电荷的作用力"为例进行教学设计。

（一）步骤一：确定素养化的目标主线，确保教学方向正确

1. 课标分析

《普通高中物理课程标准（2017 年版 2020 年）》指出，此模块是学习电磁学内容，然后让学生养成能量观念、运动和相互作用观念、电磁场物质观念。教师要带领学生学习洛伦兹力和安培力，加深理解场的理念，进而正确认识学习到的物理规律和物理概念以及存在的关系，同时也能够阐述自然现象，合理使用学习到的物理知识阐述实际问题。使用推理的方式分析综合型物理问题，保证能够获取正确结论，同时做出有关解释。合理应用证据阐述物理结论，并且质疑已有结论，提出质疑的依据，使用不同方法探究解决的物理问题。探究有关结论和事实，同时也要提出能够表述的问题，并做出适当的假设。制订科学化与合理化的计划，使用优质的器材获得精准的数据。通过分析数据探究存在的规律，并且形成正确的结论。使用学过的物理知识阐述发现的规律，同时也要编写完整的实验报告，及时反思和交流科学探究流程。物理研究属于一种创造性工作，是对自然现象开展抽象性创造。按照研究物理的内在动机遵守实事求是的原则，确保在合作的过程中能够秉承正确的观点，及时改正错误，按照道德规范评价物理研究，保证能够节省资源、保护环境，实现可持续性展。

2. 教材分析

洛伦兹力是人教版选择性必修 2 第一章第二节的内容，洛伦兹力是在安培力的基础上学习的，即学生已经掌握了左手定则等知识。教材首先以阴极射线管中电子束的运动轨迹开始，再通过讨论与交流，进行实验探究，学会用左手定则判断洛伦兹力的方向。例题是以宇宙射线为情境，通过抽象出模型应用洛伦兹力来分析。最后进行实践拓展，展示极光现象。

从实验开始，明确探究对象，接着类比安培力，且通过科学推理得到洛伦兹力，科学严密，与课标的要求一致，能较好落实核心素养教育。

3. 学情分析

学生对奥斯特实验有了认识的基础，以及初步掌握了左手定则，能够分析磁场对通电导线的安培力。为了由宏观过渡到抽象的微观，采用问题导学，引导学生建立一段通电导线模型，对比安培力公式，从微观上推理洛伦兹力，并讨论洛伦兹力不做功的原因。

4. 教学目标

（1）培养能量观

学生通过观察和分析实验现象，认识洛伦兹力是磁场对运动粒子的作用，磁场本身并没有变化，导电溶液通电后转动，能量不是来自磁场，而是电能转化而来的，培养能量观。

（2）发展科学思维和科学探究能力

①学生通过实验观察，了解带电粒子在磁场中确实受到了力的作用才发生偏转，明确了研究的对象和目的。

②学生通过类比，用安培力公式分析得到洛伦兹力公式，体会类比、总结、推理等科学思维过程。

（3）培养科学态度与责任素养

通过洛伦兹力人物介绍，学生学习物理学家洛伦兹一丝不苟的科学精神，特别是求真务实的伟大品格，培养科学态度与责任素养。

5. 教学重难点

（1）教学重点

对洛伦兹力的大小和方向的理解和应用。

（2）教学难点

安培力推导洛伦兹力的过程；洛伦兹力不做功的解释。

首先，洛伦兹力是本节课的重要概念，它的推导过程需要一定的科学思维，对学生有难度；其次，洛伦兹力不做功，亥姆霍兹线圈实验电子做匀速圆周运动，理论上左手定则可以解释，这都需要对相互作用和能量观有较高的认识才能较好地理解。

6. 点评

洛伦兹力作为运动电荷在磁场中承受的力之一，它是荷兰物理学家洛伦兹于1895年建立经典电子论时提出的基本假设，后被应用在实验结果中，也正因为此实验结果而得名。在洛伦兹看来，所有的物质分子均含有电子，阴极射线的粒子便是电子，他把以太与物质的相互作用归结为以太与电子的相互作用，这一理论成功地解释了塞曼效应，与塞曼一起获1902年诺贝尔物理学奖。中学阶段，洛伦兹力是讨论粒子速度选择器、质谱仪、粒子回旋加速器、流量计等众多知识的基础，知道并掌握洛伦兹力，是物理核心素养知识目标的重要组成部分。

（二）步骤二：明确教学流程及教学过程

1. 教学流程图

教学流程如图6-1所示。

图6-1　"洛伦兹力"教学流程

2. 教学过程

教学过程见表6-3。

表6-3 "洛伦兹力"教学过程

环节	情境	问题	教师活动	学生活动	设计意图	学生发展
创设情境，引导学生进行知识回顾	通电白炽灯在磁场中的现象	灯丝为什么晃动？	演示灯泡在磁场中的发光实验	观察	应用左手定则判断分析	通过观察演示实验，激发学生学习物理的兴趣

续表

环节	情境	问题	教师活动	学生活动	设计意图	学生发展
提出物理问题	引出思考	把灯泡换成食盐溶液，通直流电后会有什么现象？	PPT展示实验模型，介绍实验构成	思考与讨论	通过创设问题情境，引发学生思考，并回顾物理基础知识	提出问题、形成猜想和假设
引导分析	液体导电的原理	液体中导电的离子电流的定义？	PPT展示问题：电流的定义，正负离子运动方向与电流的关系	举手回答问题	回顾知识，明确研究对象	建立对象模型
提出猜想与假设	猜想离子受力分析	分析离子运动方向与力，猜想受力方向，想象离子运动方向	PPT展示处在磁场中的示意图	讨论与交流，分别画出离子运动方向与受力方向	做猜想分析，判断离子受力方向，即液体运动方向	发展学生敢于运用旧知应用新知的能力
建立实验，进行验证	导电液体通电实验	导电液体会运动吗？	演示实验	观察实验现象	认真观察，获取实验事实	基于证据得出结论并做出解释与交流
交流、评估、反思、总结	尝试改变电流的方向、大小，改变磁场的方向、强弱	影响液体运动方向与速度的物理量	师生共同操作实验	参与操作，观察实验	全方位、多角度获取实验事实可以质疑，交流得出结论	积极参与，激发做实验的兴趣
引导分析		液体运动的能动来源	分析实验中有哪些能量，哪些发生了转化或转移	小组讨论与交流	推理洛伦兹力不做功	发展学生科学推理、科学论证的能力

续表

环节	情境	问题	教师活动	学生活动	设计意图	学生发展
引导推理洛伦兹力公式	安培力公式	写出洛伦兹力公式	启发建立模型，引导推理洛伦兹力	在引导下推理	建立直流导线模型	模型建立是分析推理的基础，教师要引导好，才能降低难度
归纳总结	板书		引导学生回顾本节课的探究过程以及学到的知识，构建知识体系	学习洛伦兹力规律（左手定则）与特点（不做功）	让学生回顾课上所学知识，理解所学知识的层次和相互关系，培养学生进行反思的能力	认识物理研究是建立在观察和实验基础上的创造性工作
拓展延伸	布置课后作业	通过查阅资料，了解极光现象	布置作业，极光是地球上常见的现象，为什么只有地球的两极才能观察到极光？	学生课后查阅资料并思考、讨论所提出的问题	让学生运用已学知识解决实际问题，并将所学知识延伸到课外	自主查阅极光的信息，认识到物理研究是一种对自然现象的解释。增强课外探究能力和自我管控能力，提升问题解决能力

3.板书设计

板书设计如图 6-2 所示。

认识洛伦兹力

一、左手定则

二、电流的定义

三、安培力 $F=ILB$，洛伦兹力 $F=qVB$

四、洛伦兹力不做功

五、作业

图 6-2 **板书设计**

4. 点评

坚持以目标为主线，用实验创设真实的物理情境，以问题做铺垫、做导向，由浅入深，采用科学探究的思路，充分激发学生的好奇心和求知欲，同时锻炼科学思维。注重课堂教师的引导和学生的思考环节，把教师的教和学生的学融合在一起，激发学生的思维，促使学生主动参与课堂学习，主动建构新知识。

第三节　高中物理实验教学设计案例

本节以人教版必修 3 第十一章第三节"实验：导体电阻率的测量"为例进行教学设计。

一、课标分析

《普通高中物理课程标准（2017 年版 2020 年修订）》"内容要求"中指出使用实验能够掌握金属导体电阻和材料的长度以及横截面积间存在的定量关系、测量金属丝电阻率。由必修 3 教学提示可知，在实验探究金属导体的电阻与材料长度和横截面积的定量关系，以及结合闭合电路欧姆定律等内容的学习中，教师可以为学生构建探究问题的情境，培养学生科学探究的能力，让学生能够参与实验设计，同时进行分析论证以及反思评估。在开展实验研究时，引导学生经历观察物理现象、提出问题，进行解释、交流的过程，在这一过程中体会物理学中的抽象思维，培养学生的能量观念、创新素养，增强学生学习物理的信心。

二、教材分析

"实验：导体电阻率的测量"是人教版普通高中物理教科书必修 3 第十一章第三节内容，本节课的内容以探讨决定电阻的因素为载体，介绍几种测量长度的器材的原理及使用方法，通过学会正确选择适当的器材，帮助学生全面思考问题，养成谨慎、独立、果断的办事风格。本节实验是对前面学习欧姆定律、导体电阻、控制变量法等知识的巩固与应用，又为后面学习串并联电路、多用表原理、闭合回路的欧姆定律以及测量电源电动势和内阻等相关知识奠定基础，本节教学起到承上启下的作用。此节探究内容包含了高中物理课堂应用的典型教学方式，如物理研究法、实验法等，能够让学生对物理模型、实验有正确的理解，同时也能够分析这些内容在物理学发展中的使用。通过学习本节课内容，能够调动学生探究科学的积极性，使学生养成认真且严谨的态度，从而更好地培养学生，使其形成物理学科核心素养。

三、学情分析

本节课教学的对象是高二年级的学生，这一阶段的学生正处于形象思维向抽象思维过渡的重要时期。表现为对各种物理现象具有浓厚的兴趣，对探究现象本质具有强烈的愿望。从知识方面来说，学生在前面几章的物理学习中已经学习了静电场、电路以及导体的电阻等相关知识，具有完成本实验的知识储备。从能力方面来说，学生具有大量的生活经验，经过前面一年多的高中物理学习，已经基本掌握高中物理的学习方法，对物理实验探究的设计、过程与方法已经基本掌握。只要教师合理引导，学生可以完成本节课的教学目标。

四、教学目标

（一）发展完整的能量观念

学生经历小组实验的操作过程，了解金属导体的电阻与材料、长度和横截面积的定量关系；会测量金属丝的电阻率；了解游标卡尺和螺旋测微器的使用方法及正确读数会用伏安法设计电路测电阻，会应用电路知识解决实际问题。

（二）发展科学思维和科学探究能力

学生能建构合适的物理模型，根据实验误差分析比较电流表的内外接法、滑动变阻器的分压、限流式接法设计探究实验，利用归纳、推理等思维过程得出伏安法测电阻，用电阻定律求出电阻率的方法。（科学思维）

学生经历小组合作实验的探究过程，得出导体电阻率的测量结果以及误差分析；能基于实验数据发表自己的意见和见解。（科学探究）

（三）发展科学态度素养

通过有关电阻的应用案例分析，学生感悟物理在生活中的应用价值，以及物理在生产、生活以及科技发展的应用。（科学态度与责任）

五、教学重难点

（一）教学重点

学生学会伏安法测电阻的方法，并设计合适的实验电路来进行实验，处理实验数据，从而求电阻率。

欧姆定律是电学的基本定律，是电学的基石，伏安法测电阻是高中电学实验的基础，因此设计适当的实验电路测电阻，求导体电阻率是本节课的重点。

（二）教学难点

设计实验方案、动手操作实验、分析实验误差分析。

学生自己设计实验方案，并将方案用于实验，对实验数据进行分析、求出电阻率需要有一定的抽象思维能力，对学生来说是难点。

【教学过程】

具体教学过程见表6-4。

表6-4 教学过程

教学环节和教学内容		教师活动	学生活动	设计意图
引入新课	教师创设物理情境，引入本节课的新课教学	教师设计：某同学爷爷的半导体收音机坏了，经检查是其中一个电阻烧毁了，你帮忙修一修，让它能够正常使用	动脑设计思路解决问题。通过思考可以知道给收音机换上等值的电阻即可	通过解决实际困难，激发学生学习的动力，引入新课
新课教学	1.设置问题情境，引入实验目的及原理	用多媒体播放各种电阻的图片，同时发给学生各种电阻让学生观察，不同的电阻阻值不同。 问题一：不同的电阻阻值不同，收音机电阻烧毁，换上等值电阻就可以正常使用了，请同学们回顾上节课"导体的电阻"，那导体的电阻阻值与哪些因素有关？它们满足什么关系呢？	学生通过思考上一节所学习的内容，可以得出同种材料的导体，其电阻 R 与它的长度 L 成正比，与它的横截面积 S 成反比；导体电阻还与构成它的材料有关。写成公式则是 $R=\rho\dfrac{l}{s}$，从上述关系式可以看出，在长度、横截面积一定的条件下，ρ 越大，导体的电阻越大。ρ 叫作这种材料的电阻率。	通过设置问题情境，给学生确定课堂任务，为学生思考和探究指明了方向。通过小组讨论实验，学生通过合作学习解决问题，体会协作的乐趣。通过交流评价方案，引导学生调用前面的知识储备，巩固学过的物理概念和规律，达到熟练应用的程度

续表

教学环节和教学内容		教师活动	学生活动	设计意图
新课教学	1.设置问题情境，引入实验目的及原理	问题二：同种材料的导体，式中的 ρ 是不变的，不同种材料的导体 ρ 一般不同。这说明 ρ 表征了导体材料的某种特性，ρ 叫作这种材料的电阻率，请大家通过小组讨论：要测量导体的电阻率，需要测量的物理量有哪些？（引导学生通过小组讨论，让学生代表汇报讨论结果）教师活动：对学生的汇报给予肯定与鼓励	由 $\rho=\dfrac{l}{s}$ 可知，只要测出导体的电阻 R、长度 l 和直径 d $\left(S=\dfrac{\pi d^2}{4}\right)$，就可以计算出该导体所用材料的电阻率	
	2.设置问题情境，引导学生设计实验方案	实验器材有学生电源、开关、导线、电压表、电流表、待测金属导线、滑动变阻器等相关器材。问题一：测量长度的工具有哪些？给每个小组发刻度尺、游标卡尺、螺旋测微器	阅读教材的相关内容，观察游标卡尺、螺旋测微器，小组讨论这两种仪器的原理、读数以及使用方法，并设计表格来记录测量数据。	通过阅读教材培养学生的自学能力，设置具体问题，引导学生自主探究，从而培养勇于探索的精神和科学的学习态度。通过小组讨论、小组实验，培养学生的语言表达能力、合作能力
		问题二：请大家阅读教材P62-P67，通过观察教学仪器，了解游标卡尺、螺旋测微器的结构。小组一起来讨论游标卡尺、螺旋测微器的结构。小组一起来讨论游标卡尺、螺旋测微器的原理、读数以及正确的使用方法。教师讲解游标卡尺和螺旋测微器的结构、原理、如何读数、正确的使用方法，然后让学生去测量。教师帮助学生解决在测量中出现的各类问题。	选用刻度尺测量金属丝的长度，根据教材的两种方案来测量电阻丝的直径，并将数据记录在所设计的表格内	

续表

教学环节和教学内容		教师活动	学生活动	设计意图
新课教学		教师向学生发放待测金属丝,让学生以小组为单位去测量金属丝的长度和直径		逐步培养学生"发现问题—提出猜想—实验验证"的科学处理物理问题的方法,从而使学生养成分析问题要全面、尊重事实的科学态度,并养成勤思考、勇于探索的习惯
	3.布置任务,驱动学生设计实验方案	任务一:想要测出金属丝的电阻率,你需要什么仪器,采用什么样的电路图,原理是什么	通过学生的分组讨论,得到以下方案:基于实验原理 $R=\dfrac{U}{I}$,得到用电压表、电流表、滑动变阻器进行测量的电路	
		任务二:误差分析,确定测量电路	学生分组讨论,小组代表汇报。学生讨论后发现,误差源于电流表的分压作用,还有一种误差源于电压表的分流作用。	
			分析讨论得出:若测出电流表的内阻,就可以通过刚才提出的方案求出金属丝的真实阻值。学生向教师求助如何可以测出电流表的内阻	

教学环节和教学内容		教师活动	学生活动	设计意图
新课教学	3.布置任务，驱动学生设计实验方案	任务三：讨论实验实施方案，写出实验步骤，设计好记录数据的表格	学生合作讨论实验步骤，设计好记录数据的表格。实验步骤：①根据电路图连接好电路，将滑动变阻器的触头滑到最左端；②闭合开关，移动滑动变阻器触头，在设计好的表格记录六组电流表、电压表的读数；③整理好实验仪器，做好 $U\text{-}I$ 图像，得到图像的斜率 K；④通过计算，求出金属丝的阻值。	
		任务四：完成实验，求出导体电阻率。教师提示实验注意事项	分小组进行实验求出金属丝阻值 R，代入公式求出金属丝的电阻率。学生代表来汇报小组实验成果	
	课外延伸	教师用多媒体展示电阻在多个领域的应用，不同的地方选用不同的导体，并讲解与导体电阻率的关系。	学生课后通过查资料了解电阻率在生产、生活、科技中的应用	通过将物理与生产生活相联系，学生有学习和研究物理的内在动机，坚持实事求是
	学以致用	教师布置任务，用多媒体展示题目	由学生代表讲解解题过程	让学生通过联系巩固所学的知识，同时会应用所学知识解决相关的实际问题。让学生体验物理的重要性，同时在练习中让学生体验成功，激发他们学习物理的兴趣

六、板书设计

板书设计如图 6-3 所示。

实验：导体电阻率的测量

实验 1　　长度的测量及测量工具的选用

游标卡尺：

1. 结构图

2. 原理

3. 读数

4. 使用

螺旋测微器：

1. 结构图

2. 原理

3. 读数

4. 使用

实验 2　　金属丝电阻率的测量

实验电路图：

实验步骤：

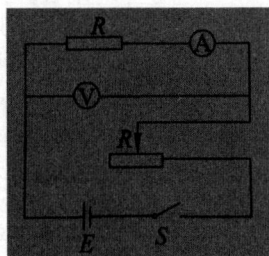

图 6-3　板书设计

第七章　高中物理力学以"问题驱动"促进"合作探究"的教学实践研究

在高中物理这一学科设置了两个必修课程模块（必修 1、必修 2），同时，也对选择性必修课程和选修课程进行了多样化的设计，这样的设计对学生进行自主学习起到了很好的推动作用。力学贯穿高中物理的全过程，至关重要。

第一节　高中物理力学教学分析

本节的研究对象主要以高中力学为主，共七个主题，其主要内容见表 7-1。

表 7-1　高中力学主要内容

模块主题	主要内容
机械运动与物理模型	质点　参考系和坐标系 位移、速度和加速度 自由落体运动
相互作用与运动定律	重力、弹力与摩擦力 力的合成与分解 牛顿运动定律
机械能及其守恒定律	功和功率 动能和动能定理 重力势能 机械能守恒定律
曲线运动与万有引力定律	曲线运动 平抛运动 向心加速度、向心力 宇宙速度

模块主题	主要内容
牛顿力学的局限性与相对论初步	牛顿力学的局限性 相对论时空观
动量与动量守恒定律	冲量和动量 动量守恒定律
机械振动与机械波	简谐运动 受迫振动 波的特征 波的反射和折射 多普勒效应

一、知识特点分析

高中物理力学的知识与内容是初中物理力学知识与内容的纵深与广度的扩展，其具体表现在以下两个方面。

（一）力学内容多、变化多

众所周知，物理作为高中阶段众多科目中难度系数较大的学科，其对于学生各方面的要求较高，而其中的力学这一模块更是作为整个高中阶段物理知识体系基础的存在，基本贯穿高中物理知识学习始终。所以，除了对学生思维能力的要求之外，其记忆能力和理解能力等也是必不可少的条件。

（二）较强的抽象性

高中物理学习难度系数较大，由于条件的限制不能尽其所能进行实验，也就要求学生掌握建立模型等方法，需要较强的抽象思维。不论是在知识涉及的宽度和广度方面，还是对概念的抽象理解能力、复杂的矢量运算等方面，初中物理与之相比都相形见绌。就牛顿第二定律而言，除了要求学生学习并理解公式 $F=ma$ 之外，更重要的是以之为载体进行受力甚至多力分析来对问题本身进行思考，因此，学习牛顿第二定理就有了一定的难度，也会影响到教学的效果和质量。

二、高中物理力学教学问题分析

（一）教师问题

1. 教学理念滞后

教学理念在整个教学过程中起着举足轻重的作用。然而，个别情况下，教师只把教材上的理论知识传授给学生，忽视了学生在学习的过程中掌握的知识和经验，忽视了学生的学习能力和经验，再加之教学内容不够具体和完善、教学重点不够明确，也就导致了学生对知识的理解和掌握不充分、不扎实的情况频发，从而使学生对物理产生恐惧心理、逐渐丧失学习的积极性，严重则会影响到各科的学习，丧失学习自信心，如此往复，恶性循环，对今后更高层次知识的学习造成十分不利的影响。

2. 缺乏物理实验教学手段

理论知识和实验操作是高中物理的主要组成部分。因为实验操作是学生学习和探究物理知识的一种重要途径，它对提升物理学习效果具有十分重要的意义。然而，纵观现在普遍的物理教学，实验操作相对较少，实验器材设备相对短缺，教师对物理实验对学生的影响的认识不足，没有将理论知识和实验验证结合起来，从而不利于学生对物理的学习。

3. 缺乏教学艺术性，无法激发学生学习的兴趣

高中生对物理学习没有兴趣、无法将课本教材中较难理解的知识进行转化，与教师教学观念老旧、教学方式单调、教学内容枯燥等因素有关。教师不能单凭课堂讲解来传授知识，这对学生对于抽象知识的理解和掌握十分不利，也应该值得反思和改进。

（二）学生问题

1. 学生学习方法上的不适应

对比初中物理，高中物理囊括的问题相对较难、呈现的现象更抽象、难以理解和想象，形容篇幅较长、概念和公式繁杂，考察题型较难，需要进行推理和演绎，计算量大。综上特点，高中物理的学习方法需要进行优化，不能局限于背诵公式再将数据套入即可，需要学生进行推理和论证，进行大量的计算、推导、演绎等来解决问题。总的来说，高中物理知识要求学生具备较强的逻辑思维能力，要求从具体思维发展过渡到抽象思维。以力学为例，需要学生以数学知识为载体来解决物理问题，通过逻辑推理和计算来得到问题的答案。但实际情况是，由于高中物理抽象内容较多，缺乏物理表象支持，学生不能直观地理解和观察问题，也就在一定程度上制约了学生对力学知识的学习，进而导致学生对力学知识无法进行更加深入的学习和理解。

2. 学生的合作意识和探究能力普遍不强

教师在课堂中要发挥指导、推动作用，让学生成为课堂的主人。这就需要采用以自主合作探究学习为基础的教学模式来达到使学生自主学习和构建知识网络的目的。尽管教师只需讲解课堂中的知识点，就能回答学生无法自主学习的问题，

但如果想要达到本文所期望的自主学习和合作探究的期望水平还有一段距离，加之实际课堂上学生的合作意识和探究能力略显不足，很多只是停留于表面"合作"，但要怎么合作、合作干什么、合作的结果如何，还有待进一步努力，否则不仅毫无创新之处，也没有达到解决要探究的问题这一合作的最终目的。

第二节 高中物理力学现状研究

一、关于力学教学现状的教师调查

目前，了解力学教学现状是十分有必要的，因为教师是教学过程中的合作者、引导者与组织者，其采用的教学模式与方法也在一定程度上影响着学生对知识的掌握情况。此外，教师对学生的智力开发与人格发展起着举足轻重的作用。因此，在教师对以"问题驱动"促进"合作探究"的教学模式的看法与态度的问题上，笔者对几位物理任课教师进行了访谈。访谈提纲如下：

①您教龄几年？在进行力学教学时多采取什么教学模式？

②在课堂上，您会经常与学生互动吗？一般是以什么方式与学生互动？

③您如何看待小组合作学习模式？

④您觉得采用以"问题驱动"促进"合作探究"的教学模式对力学理论教学会有效果吗？对于此模式的展开有什么期许或者存在什么顾虑？

共有六位物理任课教师接受了本次访谈，本次访谈形式为线上与线下访谈。线上访谈通过某聊天软件实施，访谈对象均为青年教师且都负责高一年级的物理教学。线下访谈的对象由实习学校的三位资历各不相同的教师组成，访谈笔录及整理如下：

（一）以讲授法为主，辅之以其他教学方法

就现阶段而言，学生的升学压力仍旧很大，不仅表现在高考时的竞争，在平时的学习中，对进度的要求也是能快则快，为高三总复习腾出时间。无论是实习所在学校还是线上访谈的教师所在学校，在高一阶段一周只有4节物理课，在高二结束时，就需要教师将高中阶段全部的物理知识讲授完毕，课时十分紧张，虽然其他教学方法对学生学科知识的学习十分有好处，但进度要求不允许，因此，讲授法也就成了教师教学过程中的主要方法，也是运用频率最高的方法。教学经验较为丰富的教师虽然可以灵活运用各类教学方法，但仍旧以讲授法为主，青年教师则是以讲授法和演示法相结合。但无可争辩的是，将多种教学手段运用到教学中，会使课堂变得更加丰富多彩，让更多的学生切身体会课堂的乐趣。

（二）课堂提问较频繁，多为封闭式问题

相比教学经验十分丰富的教师，较为年轻的教师多采用封闭式提问的方法来增加与学生的互动，以达到激发学生思考、节省课堂时间的目的，但就目前的反馈来说，该方法差强人意。相比之下，有丰富教学经验的教师所提问题较为开放灵活，学生能以发散思维活跃课堂。综上，教师应设计开放型问题，在课堂课前导入和引起学生学习兴趣上效果较好，再配合讲授法，指导学生运用所学知识，自主解决问题。

（三）时间紧张，课上讨论合作较少

相对于其他学科来说，高中的物理课程具有课堂知识容量大、理解较难，小组讨论时间较长等特点，甚至时常会有无法完成一节课的既定教学内容的情况发生，进而导致整体教学进度被拉长。对于这种情况，多数教师表示，小组讨论多用于公开课等演示课程。在公开课上，小组讨论的教学方法是大多数教师用到的教学方法，但需要注意的是，在运用这种方法时，要注意问题的合理性。比如对于某问题学生表现出极大的兴趣与热情，小组讨论也会更加热烈，反之，学生的讨论便会流于表面，应付教师，教学效果将无法达到期望的程度。

（四）问题驱动下的合作教学是提高学生物理问题解决能力的有效途径

教师普遍认为，问题驱动下的合作教学即教师在课堂上提问，引发学生讨论、思考，运用已学到的知识解决问题，从而将所学到的知识融会贯通，达到教学目标。在这种模式下，学生不但可以获得学科知识，还可以通过自主建构的学科知识网络，全面地锻炼思维和能力；不仅可以在解决物理问题的过程中获得经验，还可以在交流和协作方面获得全面的锻炼，可谓面面俱到。然而，一位教师表示，虽然该方法的教学效果甚好，但相对来说，其对教师的个人素养要求非常高，教学步骤较为繁杂，从教师设置问题开始，要重视问题的合理性，并通过问题的联结，一步步解决本节课的重点和难点，使学生循序渐进地掌握知识。因此，不仅需要教师对该节课进行详细的解读与准备，更要求教师深入了解学生，因材施教，除此之外，教师的课堂调控能力也必不可少。

二、关于高中生物理学习现状的调查

了解学生学习的现状，对于教师来说十分必要，为此，笔者从学生对物理的学习兴趣与知识掌握情况、物理学习习惯与课堂参与程度、对物理课堂教学的态度、对物理学习方法的认识和对教师进行物理课堂教学的态度五个方面写了《高

一学生物理学习现状》调查问卷，对某所学校的全体高中一年级学生进行调查，以此相关数据为依据，为之后实施以"问题驱动"促进"合作探究"教学模式提供参考价值并根据学生的反馈在教学过程中做出相应调整和改进。

问卷发放的对象是某学校高一年级4个班学生（共124人）。共发放124份问卷，回收124份，有效问卷120份。本问卷共分为五个部分，共19个问题，统计结果如下：

第一方面：对学生物理学习兴趣与知识掌握情况的调查了解，见表7-2。

表7-2 学生对物理的学习兴趣与知识掌握情况

问题	A		B		C		D	
	人数	比例	人数	比例	人数	比例	人数	比例
1. 在高中阶段，你对物理学习的兴趣如何？（　　） A. 超级感兴趣 B. 感兴趣 C. 一般 D. 不感兴趣	21	17.5%	44	36.7%	53	44.1%	2	1.7%
2. 如果你对物理课兴趣不高，主要是因为（　　） A. 物理基础差，跟不上 B. 觉得物理难，找不到学习物理的方法 C. 教师的教学方式单调乏味 D. 教师个人原因	36	30%	63	52.5%	21	17.5%	0	0%
3. 你能通过物理课程学习独立解决物理知识方面存在的问题吗？（　　） A. 完全可以解决 B. 大部分可以解决 C. 只能解决一小部分 D. 完全不能解决	8	6.7%	48	40%	52	43.3%	12	10%

问题	A		B		C		D	
	人数	比例	人数	比例	人数	比例	人数	比例
4. 对于已学过的知识你能给同学进行讲解吗？（　） A. 全部都可以 B. 大部分可以 C. 只有简单的可以 D. 自己几乎不会	15	12.5%	36	30%	53	44.2%	16	13.3%

　　调查结果显示，学生对物理这一科目的兴趣平平，52.5%的人觉得物理难，没有找到一种卓有成效的学习方法，从而影响了他们的学习兴趣。在课程学习之后，仅有6.7%的学生能完全独立解决物理知识方面存在的问题。根据以上数据可以推断出，对于大部分高一的学生，在学习物理时还是有点力不从心，感觉有困难。因此，实施新的教学模式势在必行。

　　第二方面：对当前学生物理学习习惯与课堂参与程度的调查了解，见表7-3。

表7-3　学生物理学习习惯与课堂参与程度

问题	A		B		C		D	
	人数	比例	人数	比列	人数	比例	人数	比例
1. 当你在学习中遇到问题时（　） A. 尽量独立思考 B. 喜欢和同学共同探讨 C. 请教教师 D. 先放一边，以后再说	36	30%	59	49.2%	6	5%	19	15.8%
2. 物理课上教师让讨论问题时，你（　） A. 积极地与同学交流学习内容 B. 只交流自己感兴趣的问题 C. 与同学随意交流 D. 从不交流	45	37.5%	30	25%	33	27.5%	12	10%

续表

问题	A		B		C		D	
	人数	比例	人数	比列	人数	比例	人数	比例
3.你的物理教师是否经常在课堂上和你进行交流？（　　） A.经常 B.有时 C.很少 D.没有	56	46.7%	38	31.7%	26	21.6%	0	0%
4.当教师提问时，你会（　　） A.不管自己的想法是对是错，都会积极地回答问题 B.只对自己会的问题发表意见 C.只有在被点名时才会回答问题 D.不敢发表自己观点，怕别人笑话	25	20.8%	55	45.8%	29	24.2%	11	9.2%
5.你认为自己在物理课堂中的参与度怎么样？（　　） A.较高 B.一般 C.较低 D.基本游离在课堂之外	32	26.7%	48	40%	34	28.3%	6	5%

根据现有的调查数据，学生在物理学习中遇到困难时，49.2%的同学倾向于请教同学，但是当教师布置课堂讨论的任务时，只有37.5%的学生积极地与同学交流学习内容，甚至有10%的学生从不与同学讨论教师布置的任务。28.3%的学生在物理课堂上参与程度较低，且有45.8%的学生只对自己会的问题发表意见。新的教学模式设计了提问小组、小组讨论后小组成员轮流回答问题这一形式来提高学生的合作意识与课堂参与度。

第三方面：对当前学生对物理课堂教学的态度的调查了解，见表7-4。

表 7-4　学生对物理课堂教学的态度

问题	A		B		C		D	
	人数	比例	人数	比例	人数	比例	人数	比例
1. 你对物理课的教学的认识如下( ) A. 教学是教师的工作，与学生没有关系 B. 教学是师生交往的双边活动 C. 教学是教师向学生讲述的一种过程 D. 让学生主导课堂展开教学	2	1.7%	86	71.7%	22	18.3%	10	8.3%
2. 你愿意教师采用以下几种教学方法( ) A. 教师详细地讲解说明 B. 教师指导下的自我学习 C. 教师指导下的小组讨论 D. 自学之后教师答疑	68	56.7%	19	15.8%	25	20.8%	8	6.7%
3. 你喜欢合作性学习吗? ( ) A. 喜欢 B. 一般 C. 不喜欢 D. 不清楚	26	21.7%	60	50%	14	11.6%	20	16.7%
4. 如果物理教师在课堂上鼓励大家进行团队合作和探究，那么你将会( ) A. 积极参加 B. 看情况，主要考虑自己会不会 C. 应付教师，走个形式 D. 不理会，做自己的事情	66	55%	39	32.5%	13	10.8%	2	1.7%

以上数据显示，71.7%的同学都能认识到教学是师生、生生共同开展活动的过程，需要师生共同互动。但在真正的课堂教学中，56.7%的学生希望教师能够对他们的知识进行全面、详细的解释和指导，并且他们在学习中非常依赖教师，这也从另一方面说明了大部分学生的自主学习能力较差。新的教学模式鼓励学生通过合作解决问题，在掌握物理知识的同时，自主建构知识体系，使学生由被动接受向积极学习过渡。调查结果表明：71.7%的学生对合作性学习持肯定态度，这为接下来进行的以"问题驱动"促进"合作探究"的教学提供了可能。

第四方面：学生目前对物理学习方法的认识的调查了解，见表7-5。

表 7-5　学生目前对物理学习方法的认识

问题	A		B		C		D	
	人数	比例	人数	比例	人数	比例	人数	比例
1. 你认为的物理学习 （　　） A. 探究过程和学习方法很重要 B. 学习知识点加以练习 C. 题海战术 D. 其他	87	72.5%	18	15%	15	12.5%	0	0%
2. 你认为要学好物理 （　　） A. 主要是思维方式培养和良好的学习方法 B. 必须进行题海战术 C. 理解教师传授的知识点，加以适当练习 D. 其他	87	72.5%	15	12.5%	18	15%	0	0%
3. 你对物理课的学习 （　　） A. 很重视培养物理学习方法 B. 重视物理规律的总结和归纳 C. 仅注重练习 D. 其他	40	33.3%	68	56.7%	12	10%	0	0%

根据调查数据，思维方式的培养是大多数学生所认同的物理教学方法，

72.5%的学生认为，在物理学习中探究过程和学习方法比学习知识点本身更重要，且56.7%的学生在物理课上注重规律的总结。新的教学模式在形式上引导学生形成正向学习认知，从而提升学习效果。

第五方面：学生对教师进行物理课堂教学的态度的调查了解，见表7-6。

表7-6　学生对教师进行物理课堂教学的态度

问题	A		B		C		D	
	人数	比例	人数	比例	人数	比例	人数	比例
1. 在物理学习中，你更希望（　） A. 教师开门见山，直接讲解 B. 教师创设物理学习情境，在讲解前让学生思考讨论 C. 教师解答学生在预学案中的问题 D. 小组讨论学习，教师对各组学习情况进行评定再加以补充	11	9.2%	65	54.2%	30	25%	14	11.6%
2. 你期望教师在什么地方更努力？（　） A. 解析重点和难点 B. 学习方法的指导 C. 对教科书内容进行综合、系统的教学 D. 激发学习兴趣	36	30%	45	37.5%	5	4.2%	34	28.3%
3. 对于课本涉及的物理实验，你喜欢教师怎么处理？（　） A. 要求学生进行实验的证明或探索 B. 教师课堂演示实验 C. 利用多媒体材料进行演示 D. 理论讲解即可	69	57.5%	21	17.5%	26	21.7%	4	3.3%

调查数据表明，54.2%的学生希望教师能创设情境，先思考讨论再讲解物理知识，并有28.3%的学生希望教师在日常教学中多激发其学习兴趣。57.5%的学

生希望在物理实验课中能自己动手做实验，对于较有难度的理论知识学生则希望教师能利用实验、视频动画、生活事例、习题练习等方法进行突破。以"问题驱动"促进"合作探究"模式是通过对问题情境的精心设计，引导学生进行合作探究、动手操作，解决学生在物理学习中遇到的困惑。

综合问卷调查结果分析得出，就本研究调查的学校而言，高一年级学生学习物理的兴趣不高的主要原因是没有找到行之有效且适合自己的学习方法，且物理成绩相对来说比较落后的同学，几乎没有与教师主动交流的想法，在物理课堂上参与程度和小组合作频率都比较低。数据显示，大多数学生都能正确认识教学与学习物理的方式，并对合作性学习持有积极的态度，为之后在教学中实施新模式奠定坚实的根基。教师要突破传统的课堂教学模式，为学生提供一个交流、合作和探究的平台，构建一种能够促进学生课堂参与、帮助学生构建知识、掌握物理学习的一般方法、促进学生互动合作的教学模式。

第三节　以"问题驱动"促进"合作探究"教学设计及实施

一、教学模式的构建

为学生提供一个自主学习、合作交流和探究的平台，使他们在思考和交流中逐渐建构知识体系，形成正确的物理观念，培养科学思维，增强科学探究能力是物理课堂教学应当达到的目标。基于建构主义、人本主义以及最近发展区理论基础，以"问题驱动"促进"合作探究"模式遵循以学生为主体的原则，设计小组竞赛积分制度，以小组为单位进行提问，促进小组合作。小组活动后，由教师选择一名小组成员对问题进行汇报，获得小组积分。最终整合各个小组的分值，给予奖励。学生凭借强烈的集体荣辱观，积极地开展讨论、探究活动，完成各自的学习目标。

二、教学模式的实践

（一）实践对象与方式

实验选取某所高中一年级的两个平行班作为实验对象。实验班：高一（1）班，人数33人。采用以"问题驱动"促进"合作探究"模式进行教学。对照班：高一（3）班，人数27人。采取常规式教学。

（二）实践总体设计

根据物理课程标准，以培养学生的物理学科核心素养为切入点，结合学校的教学进度，选取人教版物理必修一中的第一章第三节"用打点计时器测速度"、第三章第四节"力的合成"以及第四章第一节"牛顿第一定律"三节内容进行教学设计并应用于教学实践。通过观察学生的课堂表现并与学生访谈获得教育实践效果的第一手资料，并对访谈结果与听课教师的观察情况进行分析和讨论，从而证明以"问题驱动"促进"合作探究"教学模式在高中物理教学的有效性与可行性。

三、教学实例

（一）教学实例一：用打点计时器测速度

1. 教材分析

在诸多计时仪器中，打点计时器在记录时间的同时，还能对物体运动的相关情况加以记录，是高中阶段研究各物理量与时间之间的关系的重要仪器。在本小节中，需要学生通过了解打点计时器的原理、构造等，来掌握其计时方法。本节课的难点，是进一步利用极限法对瞬时速度和平均速度两个概念辨析。在本节课中，需要教师加强对瞬时速度这一概念的辨析和理解，把物理模型和现实生活相结合，使学生能够进行发散性思考，同时加强学生用图像来描述相关物理量之间的关系和变化。拿旧教材与新教材对比会发现，有关实验的性质已经发生了变化，即从验证性换为了探究性的实验。拿本节来说，"用平滑曲线把点连接起来"变换成"根据所描点的分布和走向尝试用曲线来拟合这些测量点"，因为思考问题的思路不一样，所以该实验的逻辑线索也就不太相同了。除此之外，本节课还需要让学生体会到用图像来表达相关物理量之间的变化和关系的优越性，而不是文字描述。总而言之，本节课无论从能力要求还是知识层面来说，对教师和学生的要求都很高，尤其对刚步入高中学习的高一新生来说，的确有一定难度，但这也意味着本节课的内容更具有挑战性和吸引力。

2. 学情分析

高一年级的学生可以正确操作简单的物理实验，逻辑思维也已经有了较好的发展，并且在此之前学生已经了解位移、速度的概念，所以在处理纸带信息上，学生已经具备了较好的知识基础，但是本节仍然包括了一些较抽象的知识点，如图像法研究速度与时间、极限思想等，在教学过程中，力求让学生从真实、具体的实验数据出发，加强引导，提高对瞬间速度的认识，让物理和生活更接近，使模型和现实之间更贴合。

3. 教学目标

①物理观念：学会分析纸带上的信息，与速度变化情况联系起来，并学会测定计算平均速度和瞬时速度，形成正确的运动观。

②科学思维：对打点计时器的基本构成和原理有所了解；通过对图像的学习，体会在物理发展中数学工具的重要作用，提高学科综合能力，提升抽象思维能力。

③科学探究：学会安装和使用打点计时器，在获取、处理信息的能力方面有所提升。

④科学态度与责任：了解实验过程的注意事项与实验器材的维护并学会科学分析实验中的误差，培养学生严谨的科学态度。

4. 教学设计

教学设计见表7-7。

表 7-7 教学设计

教学流程	教师活动	设计意图
游戏导课	【复习旧知，游戏导课】 1. 描述运动快慢的物理量——速度。 2. 请一名同学固定不动用记号笔在纸带上每隔一秒打一个点，教师在一侧拉动纸带，模拟打点计时器	唤醒学生对上节课所学内容的记忆，为接下来讲解的实验原理夯实基础。以师生活动作为课堂的开始，激发学生的探索兴趣，使他们迅速投入课堂上的问题中，从而引出本节课的主题
问题独学	【问题引导】 1. 学生打点的时间间隔为1s，纸带拉动的快慢是否会对纸带上的点间距产生影响？ 2. 你们能从纸带上一个个的点中获取到哪些信息？ 3. 在游戏中，所规定的时间间隔因每个人的反应时间不同而存在不准确的问题，也就无法精准地测量物体的运动速度，如何解决这一问题？	设计问题独学帮助学生独立思考游戏现象中的有效信息，并与已学知识建立联系，产生迁移
教师讲解	【明确主题】 打点计时器是可以精确记录时间间隔和位移的仪器。 介绍打点计时器的组成、部件名称、工作原理和操作步骤	让学生对打点计时器有初步的认识，更直观地了解打点计时器

续表

教学流程	教师活动	设计意图
小组合作实验	【小组合作练习】 教师对小组操作使用打点计时器进行指导，讲解正确的操作顺序以及原因。操作步骤为：固定计时器，连接电路；穿纸带；先启动电源，再拉纸带，随后立即关电源。 【问题引导】 获得纸带后，引导学生粗略地了解纸带的运动情况。并选取一条稀疏明显的纸带，指定两段点迹。 1. 让同学分析纸带运动到两段点迹时哪一部分的点迹表示纸带运动的更快？ 2. 比较出纸带运动到两段点迹的快慢后，能比较这两段点迹中的任一点速度吗？又该如何比较？并要求学生给出理论依据和运用的方法	进行小组实验，学生可以集思广益，且更容易发现实验中的问题，缩短实验时间。 以提问小组的方式，逐步提出本节课的重点，学会研究纸带上的信息
合作成果汇报	【小组汇报】 由于时间关系，汇报模块只邀请两个小组代表进行汇报，其他小组可以对汇报结果进行补充，教师酌情给小组积分。 【教师总结】 1. 纸带上点迹分布不均匀，根据平均速度的公式，计算得出点迹密集表示纸带运动的速度较慢，点迹稀疏表示纸带运动的速度较快。 2. 运用极限思维，在打点计时器的条件约束下，用所求某点的前后两点之间的平均速度代替这一点的瞬时速度。 【问题引导】 由于纸带上的点是不连续的，所以不能完全用计算方法来求出任何瞬间的瞬间速度。我们需要用什么工具来了解纸带中的任何瞬间的速度？	通过小组汇报结果总结纸带拉动的快慢对纸带上点的间隔有无影响这一问题，并运用公式验证，与速度这一节内容建立联系，实现知识的迁移。 以问题形式引入这节内容的难点，绘制速度-时间图像
小组探究	根据以上求出的各点瞬时速度，集思广益解决如何描述物体运动速度这一问题，最后进行小组汇报，教师和学生对其方案共同评价与补充。 教师对每个小组的合作情况给予点评，整合积分，对表现一般和较差的小组给予鼓励	发挥合作优势，提出各种方案（表格法、图想法）发散学生的思维。有利于增强学生的合作意识与处理信息的能力

续表

教学流程	教师活动	设计意图
教师总结	建立直角坐标系，以纵坐标表示运动速度，以横坐标表示时间，根据计算得出的每一点迹的速度，合理规划刻度，描点、连线后得到速度 - 时间图像。 【随堂练习、巩固提升】 给定纸条，学生画出纸带运动的速度 - 时间图像	经学生讨论后，教师对本节课的难点进行总结讲解，让学生学会规范绘图。巩固课堂所学内容

（二）教学实例二：力的合成

1. 教材分析

本节课所教内容以摩擦力、弹力和重力为基础，将等效替代法应用在解决问题的方法中。相对于旧教材来说，"力的合成"和"力的分解"这两节内容被放在一起来讲授，教师在教授有关力的合成方法后，应使学生解决生活实际问题，以此来深化学生的理解能力和应用知识点解决问题的能力，同时将力的分解理解为力的合成的逆运算，以简化教学步骤。力的合成与分解十分重要，只有掌握该知识点学生才能掌握物体的受力分析，这关乎力学问题的基础，是解决力学问题的良方和重要方法，以至于对后面的教学内容，如牛顿运动定律的学习、理解和掌握都有决定性意义。

2. 学情分析

通过对高中物理课程前几节的学习，学生已然对相关的知识有了一定的理解和深刻的认识，其中，对"矢量"的相关概念也已经较为熟悉。但由于学习习惯的影响，相当一部分学生会犯将矢量进行代数计算的错误，教师应及时强调和纠正。就本节课而言，其教学设计是基于教材中经典力学实验所设计的，进行实验，有助于培养学生自主探究、动手操作、沟通合作、归纳总结等能力，当然这也最符合学生的认知规律。

3. 教学目标

①物理观念：理解力的合成遵循平行四边形定则，发展完整的相互作用观念。

②科学思维：理解"等效替代"的思想并将其应用于真实的物理场景。

③科学探究：通过小组合作学会设计实验并实施，观察实验现象、进行数据处理最终得出实验结论。

④科学态度与责任：通过对误差的分析与讲解，培养学生实事求是的实验态度，培养其严谨的科学态度与责任。

4. 教学设计

教学设计见表 7-8。

表 7-8　教学设计

教学流程	教师活动	设计意图
课堂导入	【情境创设】 请两位同学共同提起水桶，再让其中一人独自提起水桶，问这名学生感受如何？结合生活实际让学生体会两种方式的效果是否相同	通过创设情境快速将学生带入课堂，带领学生感受日常生活中的物理现象，引起学生的注意，激发学习兴趣
教师讲解	【讲解】 将演示的小实验的受力图画在黑板上，并结合生活实际，提出等效替代的物理方法，提出合力与分力的定义。 【问题引导】 当两个人共同提起水桶时两人所用力（两个分力）的和等于一个人提起水桶时所用力（合力）吗？	受固有观念的影响，学生认为两个人共同提起水桶时两人所用力的和等于一个人提起水桶时所用力
独立探究	指导学生用两个弹簧测力计共同拉起一个砝码并互成角度，记录弹簧测力计示数，再用一个弹簧测力计拉动同样重量的砝码，其示数不等于两个拉力的总和。 【问题引导】 在演示实验中，一个弹簧测力计拉起相同重量的砝码，其读数不等于两个拉力的大小之和，具体这两个分力和合力有什么关系呢？	利用学生的好奇心，引导小组探究分力与合力的关系

续表

教学流程	教师活动	设计意图
小组实验探究	【小组实验探究】 1. 实验方案的设计：指导学生根据等效思想设计实验方案。 要点提示：（思考） ①用两根绳拉橡皮条和单独用一根绳拉橡皮条，怎样保证两者的作用效果是一样的？ ②怎样获取力的大小、方向这些信息？ ③在白纸上怎样把合力 F，分力 F_1、F_2 表示出来？ 2. 点评：恰当地评价学生的方案。 3. 学生进行实验操作，教师指出存在的问题。 【问题引导】 小组汇报实验结果，能否找到分力与合力的图形关系？ 如果用数学的方法找不到图形之间的联系，该怎么办？（增加辅助线） 请学生在加入辅助线之后，作图。从图上看，合力与分力是什么关系？	教师以问题的形式为导向，给学生提供了实验需要的操作步骤以及实验中要注意的细节。小组讨论设计实验方案，还原真实的探究过程。 利用问题链一步步引导学生找出合力与两个分力的关系，探究总结出力的合成遵循平行四边形定则，而不是直接告诉学生结论再让学生进行验证性实验。在加强学生对实验过程的了解的同时，还可以促进学生的思考
探究结果汇报	【汇报点评】 教师组织各个小组依次汇报，并对每个小组的情况给予点评，对表现较好的小组酌情积分，鼓励表现一般和较差的小组。 【问题引导】 平行四边形的对角线与合力是否重合？大小和方向的偏差有多大？什么原因造成了偏差？如果能够减小实验中的误差，结果会如何？	分组讨论之后，鼓励小组成员进行问题汇报，通过这种方式，可以提升学生的语言表达能力。 提出误差，让学生认识到实验结果并非完全符合规律，永远存在误差，以此培养学生养成质疑的态度
演示总结	【演示实验】 教师演示利用力/倾角传感器得出更加精确的实验结果，用实验误差更小的实验器材推断实验结论，即平行四边形定则的内容。 【随堂练习、巩固提升】 练习：两个大小相等的分力（各为10N），求两力夹角为30°、60°、90°、120°时它们的合力的大小。请学生总结规律，并解释合力大小与分力夹角的关系	运用更为精确的实验设备来检验猜想，使学生能更好地了解平行四边形定则。 巩固课堂所学内容，并培养学生总结、交流的能力

（三）教学实例三：牛顿第一定律

1. 教材分析

牛顿第一定律是连接力和运动（动力学）的桥梁，更是动力学理论的基石。通过对亚里士多德单纯从经验出发得出的错误结论的批判，解决了本章节最基础的问题：运动是否需要力来维持。教材对上述问题进行简单实验，引入了该问题的理想实验的代表，即伽利略逻辑思维构造实验，根据此实验得出结论：小球沿水平面做匀速直线运动的前提是没有摩擦力。该结论表明了运动不需要力来维持，进而引出牛顿第一定律。本节课之所以重要是因为，学好牛顿第一定律这一最基础的物理定律就可以解释力与运动之间的关系，从教学和学习的长远角度来看，也事关第二章和第三章，即运动学和力学知识的学习情况，如能将其有机结合，学生便可以对该体系的知识融会贯通。当然牛顿第一定律是牛顿力学的基础，学好该定律也能为之后的牛顿第二定律等相关知识的学习减轻思维和逻辑负担。在介绍上述科学家的实验时，也能将科学家们敢于质疑、敢于批判、坚持追求真理的优良精神加以灌输，实现情感态度与价值观的教育。

2. 学情分析

虽然学生在初中阶段对于力学的相关知识点有了一定的了解，但也只是浅尝辄止。因此，进入高中阶段的力学的学习，教师应该在学生现有的知识水平上加深其对该定律的认知，解决学生在理解上存在的问题，这有助于提升学生的认知能力，激发他们对物理学习的兴趣。加之本阶段的学生勤学好问，对于教师所展示的物理实验和各种现象会十分感兴趣，因此教师要提升学科素养，以满足学生对事物本质探究的需求。

3. 教学目标

①物理观念：在学生对牛顿第一定律有了深刻理解后，也要让学生尝试使用牛顿第一定律阐述生活中常见的问题，从而让学生养成和牛顿运动定律有关的运动观念、能量观念、相互作用观念。

②科学思维：学生利用实验能够明确研究实验的方式和重要性。

③科学探究：学生要参与模拟探究伽利略理想实验，感受探究科学的多个流程，在探究牛顿第一定律及其发展史后，感受科学发展的过程。

④科学态度与责任：使用正确的评价方式阐述亚里士多德为科学所做出的贡

献，要对科学有着尊重事实的态度，并且要分析牛顿第一定律构建的史程，学习科学家勇于质疑、遵守真理的科学精神以及实事求是的科学态度。

4.教学设计

教学设计见表 7-9。

表 7-9　教学设计

教学流程	教师活动	设计意图
课堂导入	【情境创设】 播放视频《鸡蛋跳水》。 请同学思考问题： 为什么鸡蛋会这样跳水？ 为什么鸡蛋没和纸板一起飞出去？	以有趣的实验视频作为课堂的开始，激发兴趣，使学生迅速地投入课堂上的问题中，从而引出本节课的主题
问题独学	【明确主题】 任何科学研究都是从最简单的现象开始的，本节课我们共同来探究，力和运动到底有什么关系？ 【问题引导】 一个静止的物体，如果不受力，将处于什么状态？生活中有没有不受外力由静止变为运动的物体呢？如果有，请举出实例。 原来运动的物体不受外力的作用，将处于什么状态？	引导学生从生活中的实例分析概括，将所学内容渗透于生活之中
演示实验	【演示实验】 实验的目的就是判断运动的物体不受力的作用，将处于什么状态。提供的器材有小车、木板、棉布、毛巾等。轻轻地推一下小车，小车开始在各个平面上滑动，但滑动一段时间就停了下来。对运动物体进行受力分析，进而初步了解影响小车运动的因素。 【问题引导】 对小车受力分析后，发现小车在水平方向受力不为零，且只有阻力，那阻力的大小和小车的运动又有什么关系呢？	通过演示实验，一步步引导学生提出小车由运动变为静止的原因，并将这一思考过程的时间大大缩短

教学流程	教师活动	设计意图
小组实验探究	【合作探究】 请学生设计实验，共同探究阻力的大小和小车的运动的关系，并对实验的各个步骤、实验结果进行汇报。 【评价总结】 对探究的方式和过程进行评价并总结，得出一个结论：实验中小车慢慢停下来并不是物体不受力，而是在运动的过程中受到阻力作用，所以小车由运动变为静止。在此基础上，通过科学推理，得到结论：运动的物体，如果不受到力，将做匀速直线运动。这个结论的得出，是物理学的一种研究方法，即"实验总结、科学推理"，使学生知道这种方法在今后的学习和工作中将经常用到。	以小组合作形式进行实验，学生可以集思广益，且更容易发现实验中的问题；能够增强学生的合作意识与沟通交往能力。 总结评价学生的发言，鼓励学生敢于直面错误，学会运用科学方法验证猜想
教师讲解	【知识讲解】 总结得出牛顿第一定律，提出惯性。 【问题引导】 在日常生活中，如果走路不小心被石头绊了一下，身体总是往前倒；在公交车刹车和启动时，身体又前后摇晃；每次笔头出水不流畅时，我们总习惯向下甩几下，这都是为什么呢？物体究竟在什么时候才具有惯性呢？	利用所学内容解释生活实际中的例子，更能激发学生对物理学习的兴趣
小组实验	【小组探究】 小车上竖立一个木块，观察小车快速启动时木块的状态。讨论以下几个问题，完整地解释实验现象与原理。 ①在启动小车前，两者处于什么状态？ ②快速启动小车后，小车的状态发生怎样的变化？ ③在小车运动时，木块底部与小车接触会产生什么？ ④因为摩擦力的存在，木块底部如何运动？ ⑤木块的上部要维持原来的什么状态？ ⑥木块底部因摩擦向前运动，木块上部要维持原来的状态，导致木块如何？	小组以合作形式进行实验，学生可以集思广益，能够快速地解决问题，培养学生的科学思考能力

续表

教学流程	教师活动	设计意图
实验现象汇报	【小组汇报】 教师组织小组依次汇报，并对每个小组的汇报内容给予点评，对表现较好的酌情积分，鼓励表现一般和较差的小组。 【随堂练习】 参考以上实验，试着判断匀速直线运动的小车急停后木板的运动状态，并解释其物理原理	小组讨论后，选取小组代表回答问题，培养学生的表达能力。加深对牛顿第一定律的理解，培养学生举一反三的能力

四、教学效果分析

为了验证以"问题驱动"促进"合作探究"模式在物理力学教学中的应用实施效果，本实验以教师授课的两个班级为实验对象，进行教学实践。

（一）实验班和对照班学生物理成绩情况

本次调研在考试成绩这一维度选取高一第一学期第一次月考考试成绩作为实验的前测成绩，选取高一第一学期期末考试成绩作为实验的后测成绩。两次考试均为全市联考，试卷难易较适中，通过市级优秀骨干教师共同制定，遵循课程标准和新版教材，力求充分体现学生的阶段性和典型的学习内容，注重基础概念、基本规律、基本方法的考查和学科知识的运用。为确定进行对照实验的可行性，在实验开始前笔者将两班的前测成绩进行独立样本 t 检验，结果见表 7-10。

表 7-10　实验班与对照班前测成绩分析

项目		个案数	平均值	标准偏差	标准误差平均值
前测成绩	对照班	27	60.30	15.066	2.899
	实验班	33	56.48	17.218	2.997

从表 7-10 可知，实验班和对照班的前测成绩的平均值各为 56.48 和 60.30，两个班级的平均成绩差异较小，但是这一差异还不足以能够判断两个班级水平相当，所以还需分析两者的统计学差异水平，结果见表 7-11：

表 7-11　实验班与对照班前测成绩独立样本检验分析

项目		莱文方差等同性检验		平均值等同性 t 检验						
前测成绩	假定等方差	0.209	0.649	0.902	58	0.371	3.811	4.227	-4.649	12.272
	不假定等方差			0.914	57.712	0.365	3.811	4.170	-4.537	12.160

（表头第一行为"独立样本检验"）

由表 7-11 可知，实验班和对照班的前测成绩方差齐性的显著值为 0.649＞0.05，说明两个班级成绩无明显差异。t 检验中，Sig 值是 0.371，高于显著性水平 0.05，这都可以说明，从统计学上来看两个班的测试分数没有明显的差别。通过以上的分析，得出两个班学生的知识掌握水平相当，可以进行对照实验研究的结论。

（二）实验班和对照班实验结果分析

在一个学期的实践教学结束后，以实验对象的期末考试成绩作为后测成绩，横向分析实验班与对照班的各项数据，情况见表 7-12。

表 7-12　实验班与对照班后测成绩分析

班级	高分人数	高分率	及格人数	及格率
实验班	6	18.2%	26	78.8%
对照班	3	11.1%	19	70.4%

由表 7-12 可以看出，实验班的高分率与及格率要高于对照班，从以上数据看来，实验班学生的成绩有所进步。

分析上述数据后可知，通过一个学期的探究，将问题作为驱动力，推动学生进行合作探究。在开展教学实验后，要合理使用此模式开展教学，其物理成绩高于传统教学方式的物理成绩。由实验班情况可知，将问题作为驱动力，能够推动学生进行合作探究，从而提高成绩。这表明：在教学中合理运用以"问题驱动"促进"合作探究"模式对提高学生的物理学习成绩有正面促进作用。

（三）平时表现分析

以教学实例——"用打点计时器测速度"为例，通过听课教师对学生课堂参与度、小组合作情况的观察，从而评价教学效果，填写以下观察量表，数据见表7-13。

表 7-13　实验班教学实践课堂观察量表

课题	用打点计时器测速度	授课者	王某某	记录者	张某某
年级	高一	班级	一班	时间	2021.10.13
学生课堂参与情况	观察内容		统计结果		
教学效率	提出问题人数		4		
	小组讨论、实验次数		2		
	小组实验参与人数		33		
	汇报交流人数		8		
	倾听学生汇报人数		29		
	主动思考的人数		27		
	提出质疑的人数		3		
教学效率	教师引导时间		5 分钟		
	学生自学时间		5 分钟		
	小组讨论、实验时间		15 分钟		
	小组汇报时间		5 分钟		
	教师总结、讲解时间		10 分钟		
教学效果	学生对学习内容是否感兴趣？		9 分 *		
	小组合作实验、探究的质量如何？		8 分		
	汇报内容的质量如何？		8 分		
	学生对知识的掌握情况如何？		9 分		
	预设的教学目标达成情况如何？		10 分		

注：* 代表以十分制计算。

根据表 7-13 的数据可以看出学生课堂表现良好，能在教师的鼓励和指导下主动参加小组讨论进行实践操作，指导教师对教学效果也给予良好的评价。在教学实践中，通过观察学生在学校的学习情况发现，绝大多数学生课堂参与程度高且对教师布置的课堂讨论内容表现出较高的积极性，能够完成教师布置的学习任务，对激发学生的学习热情、调动学生的学习积极性有一定的效果。

（四）访谈分析

在实践研究结束后，选取 9 名学生，通过对其物理学习态度、合作意识等问题的调查，了解学生对新模式的态度和认识。这 9 名学生均曾经历过本研究的教育实验。访谈结果见表 7-14。

表 7-14　学生访谈结果

访谈问题	访谈结果
1. 你对这一阶段物理课的教学模式满意吗？如果满意，你认为这种教学模式能从哪些地方帮到你？如果你不满意，你认为还有什么不足之处？	①还挺满意的，之前教师都是单刀直入，一上课就直接讲知识点，有不懂的地方只能留到课下，还会错过下一个知识点。现在遇到问题问问同学，每节课的内容都能消化。 ②还好，我物理成绩平平，偶尔反应不过来，但是现在有了组里同学的帮助，学起来没以前费劲。 ③满意，以前上课进度快，实验课教师直接放一段视频，然后开始讲理论，课上很少做实验。现在几个人一起做实验，能直观地看到实验现象，讨论得出实验结论，对实验的每一个过程都能记得很清楚。 ④还行，有时课上教师留下的实验和问题需要用课余时间做，花时间，还不如做几道题
2. 一个学期过去了，你是否仍然认为物理课程很枯燥无聊？	①不枯燥。一个组遇到问题一起解决，还能和其他组进行分享交流，一节课在合作和竞争中了解知识。 ②还不错，课上没有打瞌睡的情况出现，动动手，一节课很快就结束了。 ③还行，好像比过去好一点
3. 你是否愿意与同学们在课堂上进行沟通？在你碰到问题的时候，你是愿意跟同学们讨论呢，还是把它放到一边等着让教师讲解呢？	①一开始不太习惯，不好意思开口，现在还挺喜欢的，有什么不明白的大家一起讨论，再不行就问其他组，人多力量大。 ②还行，有问题直接问组里的大神，一起讨论有点吵，偶尔还能听到有些人在课堂上讨论一些与课堂无关的话题。 ③教师一般在讨论后才会讲解、总结知识点，所以遇到不懂的物理问题直接问组里的同学了，等教师讲有点慢

访谈问题	访谈结果
4. 怎样理解教师在课堂上所提出的问题，小组合作围绕问题开展探究的教学方式是否影响到你的学习方式，或者有何正面作用？	①组内每个人的思维方式和观点都不一样，互相交流后，能学到更多东西，并且和以前不熟的同学因为分组学习成为好友。 ②每节课都有问题任务，总想着怎么解决问题，课上也就没那么枯燥了。 ③换了一种教学方式，以前都是教师直接讲，现在我们自己动手做饭，通过自己思考解决的问题，印象更加深刻。 ④我比别人学习进度快一点，有时在解决教师的问题后，还能给同学们讲讲自己的思路，这样更能加深自己对知识点的理解

通过对个别学生访谈，了解到学生对于以"问题驱动"促进"合作探究"教学模式的态度，结果如下：

①以"问题驱动"促进"合作探究"教学模式转变了学生对学习物理的态度：问题 1 和问题 2 从学生对于新模式的接受程度进行设计，参与访谈的 78% 的学生在进行以"问题驱动"促进"合作探究"的教学新模式之后不仅接受了该模式，而且学习物理的积极性也提高了，对物理课程也更加感兴趣了。

②以"问题驱动"促进"合作探究"教学模式增强了小组合作意识。问题 3 和问题 4 从在施以新教学模式后学生对合作学习的态度进行设计，参与访谈的 67% 的学生表示小组讨论的形式更有利于掌握、拓宽知识，并且对于一些学生来说，小组合作让他们开始不完全依赖教师讲解，甚至有学生更倾向于小组合作的学习模式。

通过将以"问题驱动"促进"合作探究"教学模式应用到物理力学教学实践中，经过了近一个学期的教学实践，得到了以下结论：

第一，以"问题驱动"促进"合作探究"教学在高中物理力学教学中具有可行性。在实施教学的过程中，大多数问题与实验是以小组的形式进行解决与操作的，实验后小组成员进行汇报。小组合作期间，每个成员都能参与到问题解决的过程中，锻炼学生的科学思维与语言表达能力。78% 的学生在新模式的课堂教学中具有更高的学习积极性与课堂参与度，所以说在高中物理力学教学中推行以"问题驱动"促进"合作探究"教学模式是可行的。

第二，在高中物理力学教学中应用以"问题驱动"促进"合作探究"教学模式对学生的物理成绩有促进作用。通过实验班和对照班进行前后成绩分析发现，在施以该教学模式之前，两个班的学习成绩并无明显差异。然而，进行教学实验之后，根据后测成绩显示，实验班的及格率与高分率分别高于对照班8.4%、7.1%，这种差异也与本研究预测结果基本相符，说明在教学实践中实施以"问题驱动"促进"合作探究"教学模式在提高学生理解能力、促使学生掌握知识方面有一定的效果。

第三，以"问题驱动"促进"合作探究"教学模式有助于增强学生的合作意识。在小组讨论过程中，思考方式和角度因人而异，因此更能碰撞出思想的火化，从而增强小组合作意识。除此之外，经过观察和访谈发现，在施以该教学模式后，67%学生表示小组讨论的形式更有利于掌握、拓宽知识，更愿意通过合作的形式进行学习。

第四，以"问题驱动"促进"合作探究"教学模式为教师的教学提供了新思路、促进了师生间的良性互动。但在实施过程中，对教师掌控课堂能力有较高的要求，需要教师一步步搭建台阶，让学生逐步探索，享受掌握知识带来的成就感和喜悦感，同时根据学生课堂情况及时做出适当的调整，不断优化教学，更好地服务于学生，带动课堂中的每一个人。

参考文献

［1］李春密.核心素养导向的高中物理教学设计［M］.北京：北京师范大学出版社，2019.

［2］张玉峰，汤玉林.基于核心素养的高中物理教学重难点突破［M］.北京：北京师范大学出版社，2019.

［3］彭前程.高中物理教科书教学设计与指导［M］.上海：华东师范大学出版社，2022.

［4］杨昌彪.高中物理教学设计［M］.成都：西南交通大学出版社，2021.

［5］江四喜.高中物理习题教学［M］.杭州：浙江大学出版社，2022.

［6］佟魁星.高中物理教学与思维创新研究［M］.沈阳：辽宁人民出版社，2020.

［7］严明.高中物理单元教学的实践研究［M］.上海：上海教育出版社，2021.

［8］刘彬生.高中物理实验教学研究［M］.南宁：广西教育出版社，2019.

［9］刘晓春.理想物理模型在高中物理教学中的基础作用和意义［J］.内江科技，2019（10）：206.

［10］林伟.新课改下高中物理高效课堂教学的构建思考［J］.课程教育研究，2019（34）：179-180

［11］蒋成玉.核心素养背景下高中物理课堂教学模式［J］.中学课程辅导（教师通讯），2021（6）：59-60.

［12］沈丽芳.新课改下高中物理高效课堂教学的构建策略研究［J］.考试周刊，2020（59）：133-134.

［13］何会明.新课改下高中物理高效课堂教学的构建策略［J］.高考，2019（19）：112.

［14］秦利金.新课改下高中物理高效课堂教学的构建策略［J］.考试与评价，2020（6）：59.

［15］张文彬.新课改下高中物理高效课堂的构建策略［J］.求知导刊，2021（7）：29-30.

［16］祁得元.浅析在高中物理课堂教学中培养学生物理核心素养的策略［J］.天天爱科学（教育前沿），2020（6）：192.

［17］袁世明，丁彦龙，王晓倩，等.高中物理课堂教学中如何落实学科核心素养［J］.高考，2020（22）：39.

［18］任虎虎.从高中物理新课标谈思维型课堂教学［J］.湖南中学物理，2018（7）：16-18.

［19］朱应华.核心素养导向下高中物理课堂教学目标的设计［J］.广西物理，2021（1）：81-83.

［20］尤军.高中物理课堂教学中问题情境创设探析［J］.当代家庭教育，2020（21）：62.

［21］徐青云.高中物理教学中创设问题情境的策略解读［J］.农家参谋，2020（12）：196.

［22］杨东泉.现代信息技术在高中物理实验教学中存在的问题及对策研究［J］.课程教育研究，2020（20）：194.

［23］张苗苗.基于核心素养的高中物理课堂教学研究［J］.科技风.2020（8）：83.

［24］王波.核心素养视域下构建高中物理生态课堂的实践探究［J］.高考，2021（9）：75-76.

［25］冉林泉.新课改下高中物理课程教学新策略［J］.课程教育研究2020(11)：161.

［26］孙玉.新课标下高中物理构建有效课堂的策略［J］.高考，2020（33）：83.

［27］张树杰.谈高中物理课堂中师生互动的有效开展［J］.青少年日记（教育教学研究），2019（9）：81.

［28］王春胜.构建高中物理高效课堂的策略探析［J］.知识窗（教师版），2020（12）：120.

［29］余少忠.高中物理高效课堂的构建策略分析［J］.发明与创新（职业教育），2020（12）：58-59.

后 记

　　光阴似箭，时光荏苒，转眼间，本书的撰写工作已经接近尾声，笔者颇有不舍之情。因为本书是笔者在对高中物理教学设计与案例进行研究后所撰写的作品，倾注了笔者的心血，想到本书的出版能够为高中物理教学设计与案例的研究提供一定的参考与帮助，笔者颇感欣慰。同时，笔者在撰写本书的过程中得到社会各界的广泛支持，在此表示深深的感谢！

　　"今日之物理，明日之技术。"一个国家的经济转型更需要本领过硬的理工科人才。长久以来，我国都是以"世界工厂"的姿态出现在国际上的。但是随着社会生产力和生产关系的转变，传统的制造业已经难以满足我国经济发展的需要，这对于我国的经济结构提出了新的要求，要求我国从传统的制造业大国转变为具有高端创新产业的国家。并且，随着我国经济实力的不断增强，在未来的时间里，我国将会进行艰苦卓绝的科学攻坚，发展自己国家的科技，这就需要大量的理工科人才。物理学对于理工科人才来说，就像是武侠小说里的"内功心法"，是任何理工行业的基础。没有物理，内功就会不扎实。因此，学好物理十分重要。

　　本书的撰写力求适应时代和社会发展的要求，以高中物理教学与案例设计为载体，以高中物理衍生出来的现象为理论背景。在内容整合上，本书密切联系实际，既注意研究传统的物理，又注重开拓物理领域中的新理论、新知识。笔者努力做到深入浅出，展现高中物理教学与案例设计的理论结构的开放性、差异性、多样性与实践性，以期对高中物理教学所涉及的各类问题做出一定的解读，对高中物理教学的发展趋向做出梳理，体现高中物理教学与案例设计理论的特色，希望给读者带来更多的启发和深度思考。

　　本书虽然不是一部高中物理教学与案例设计的理论巨著，但其中灌注了对高中物理教学与案例设计理论深层次的探究和物理现象的理性思考，力求能够与时俱进，贴近现实，贴近读者，满足渴求吸吮高中物理养料的所有人。